味わいリッチな チーズケーキ

―定番から初めてのおいしさまで―

gemomoge

JN038961

はじめに

大好きなチーズケーキの本ができました。

この本を書き上げたときに思ったのは
チーズケーキって一つの世界だなということです。

一つ一つケーキができ上がる都度に
自分で作っているのに、それぞれの味に驚き、
おいしさに納得して食べる、を繰り返しました。
この本のおかげで改めてチーズの底力を感じています。

本の構成を、初級、中級、上級に分けました。

初級は、材料を混ぜてあとは焼くだけだったり、
身近な材料だけで作れたり、市販のものを利用したり……。
チーズケーキ作りに慣れてもらいたいと思って
ラインナップしました。
なるべく失敗せず作れて、
それでいて仕上がりはきれいで可愛く、がテーマです。

中級は、チーズの扱いに慣れて、
味を変えたり、食感を変えたり、
変わりだねのチーズケーキをたくさん。
「こんなチーズケーキ、食べたことない!」と
思っていただきたくて考えました。

上級は、スペシャルなチーズケーキばかり。
さらに味やおいしさにこだわって、
デコレーションにもちょっと手をかけて……。
でき上がりを想像しながら作ると
ちょっとワクワクする感じ。
一度試していただきたいレシピばかりです。

チーズケーキのおいしさ、作る楽しさ、食べたときの驚きを
再認識していただければと思います。

この本が食卓の笑顔の一助になれますように。

gemomoge

＼ CONTENTS ／

Part **1** 初 級 編

＊ ＊ ＊ ///////////////////////////////////

Part **2** 中 級 編
* * * ////////////////////////////

CONTENTS

Part **3** 上級編
* * *

この本の使い方

＊オイルはグレープシードオイルを使っていますが、米油、
　サラダ油、太白ごま油など好みのもので構いません。
＊オーブンの温度、焼き時間はあくまでも目安です。機種に
　よって違いがあるので、様子を見て加減してください。
　この本で使ったオーブンは
　TOSHIBA 石窯ドーム ER-VD7000 です。
＊電子レンジは出力 500W のものを使っています。
　600W の場合は加熱時間を 0.8 倍にしてください。
　機種によって違いがあるので、様子を見て加減してください。

材料協力　TOMIZ（富澤商店）
　　　　　オンラインショップ　https://tomiz.com/
　　　　　電話 042-776-6488

staff
スタイリング＆撮影／gemomoge
デザイン／柏 幸江（スタジオ・ギブ）
編集／松原京子

gemomoge 流

チーズケーキ作りで知っておきたいこと

● 材料について

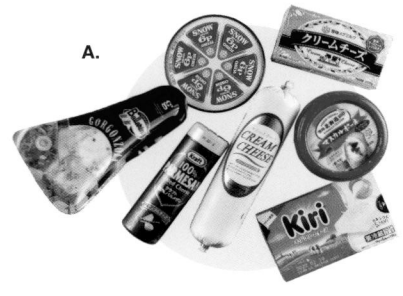

A.

B.

C.

D.

E.

F.

G.

H.

I.

A. チーズ この本で使ったのは、クリームチーズ、マスカルポーネチーズ、ゴルゴンゾーラチーズ、パルメザンチーズ、プロセスチーズ。

B. バター ケーキやお菓子作りに使うバターは食塩不使用のものを。塩気がほしいときは必要に応じて足します。

C. 生クリーム 市販されている生クリームには乳脂肪分が 40% 以上のものと 30% 台のものがあります。ケーキ作りに使うなら、コクがあってホイップしてもおいしい 40% 以上のものがベストです。

D. 小麦粉 私が使っているのは、薄力粉はスーパーバイオレット、強力粉はゴールデンヨット。製菓材料店などで購入可。

E. 砂糖 ケーキ作りには粒子の細かいグラニュー糖がベスト。ケーキによってはコクのあるきび砂糖、粒子の細かい粉糖を使うことも。仕上げに使うのは、甘さ控えめで溶けにくいノンウェットの粉糖。

F. ビスケット チーズケーキの土台（ボトム）に使っているのがビスケット。プレーンなものがおすすめ。

G. コーンスターチ グルテンが出ないので、口溶けをよくしたいとき、やさしいとろみをつけたいソースなどに使います。

H. 粉ゼラチン メーカーによって 1 袋の量が違うので、必ず計量します。水でふやかしておき、ふやかしたものを溶かして使います。

I. バニラエッセンス、バニラオイル、レモンオイル バニラエッセンスは水溶性なので冷菓におすすめ、バニラオイルは香りが飛びにくいので焼き菓子におすすめ。レモンオイルはレモンの香りをつけたいときに数滴入れます。

● 生クリームの泡立て方

8分立て

全体にもったりとして、泡立て器ですくうと下にぽってりと落ち、角が立っておじぎをするくらい。

9分立て

さらにもう少し泡立て、泡立て器ですくうと角がしっかり立ったまま、ボウルの中は跡が積もって残るくらい。

生クリームを泡立てるときは冷えた生クリームを使い、水気や油分を拭き取ったボウルを使うのが基本。水気や油分が混じると生クリームの脂肪分と水が分離してしまい、なかなか泡立ちません。泡立て器のグリップは力がしっかり入るように上から掴むような感じで持ち、ボウルを少し傾け、手首のスナップを利かせて空気を含ませるように。

● 型の準備

丸型 →

ここでは直径15cm、高さ5cmの丸型を使用。直径15cmの丸形と6cm×46〜47cmの帯状に切ったオーブンシートを用意。

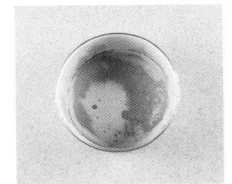

丸型に軽くオイルをぬるか、オイルスプレーなどを型の底と側面に吹きかけ、オーブンシートをぴったりと貼る。

斜め上から見るとこんな感じ。焼き上げたあとに型から取り出しやすいように、型より少し高くなるようにしておくとよい。

角型 →

ここでは15cm角、5cm高さの角型を使用。25cmの正方形に切ったオーブンシートを用意。

角型の底に合わせて、周囲から5cmのところを折り、折り目をつける。

縦4ケ所の折り目にハサミで5cmほど切り込みを入れる。

オーブンシートの四隅の部分を重ねて、型に敷き入れる。パウンド型も同じ要領で。

● プラスαのソースでさらにおいしく

【カスタードソース】

材料（でき上がり 220 g）

卵黄	2個分
グラニュー糖	30 g
コーンスターチ	6 g
ブランデー	6 ml
牛乳	200ml
バニラオイル	3滴

1

ボウルに卵黄、グラニュー糖、バニラオイルを入れ、泡立て器で白っぽくなるまで混ぜる。

2

コーンスターチを加え、なめらかになるまでさらによく混ぜ、牛乳とブランデーを少しずつ加えて混ぜ合わせる。

3

ザルで漉しながら鍋に入れ、中火にかけ、ゴムベラで絶えず焦げないように混ぜながら煮る。

4

フツフツしてきたら火を弱め、とろみがつくまで混ぜながら煮る。

5

バットなどに移してならす。カスタードクリームよりゆるい。

6

ぴったりとラップをし、保冷剤をのせて急冷する。保存は冷蔵庫で。

【ラズベリーソース】

材料（でき上がり約 150 g）

冷凍ラズベリー	200 g
白ワイン	100ml
グラニュー糖	50 g
コーンスターチ	5 g

1

すべての材料を鍋に入れ、混ぜ合わせる。

2

1を弱めの中火にかけ、ゆっくりと火を通していく。

3

フツフツしてきたら全体を混ぜて弱火にし、木のスプーンや木ベラでつぶしながら、とろみがつくまで5分ほど煮る。

4

ボウルの上にザルをおき、3を入れ、木のスプーンや木ベラで漉してなめらかにする。冷めたら容器に移す。

【キャラメルクリーム】

材料（でき上がり約 400 g）

生クリーム（乳脂肪分 40％以上）
  ·················· 200ml
グラニュー糖·········· 200 g
水····················· 50ml
バター（食塩不使用。
  室温にする）·········· 40 g
バニラオイル·········· 5 滴

1
生クリームは 40℃くらいに温め、保温しておく。

2
鍋にグラニュー糖と分量の水を入れて混ぜて溶かし、鍋を揺すりながら中火にかける。

3
色がついてくるがそのまま続け、混ぜずに鍋を揺すりながら焦がす。

4
煙が出てしっかり焦げるまで熱する。焦がし具合は好みで OK。

5
火からおろして手早くバターとバニラオイルを加え、鍋を揺すりながら溶かす。

6
温めておいた生クリームを加えて木ベラで混ぜ、弱火で 2 分煮詰める。粗熱が取れたら容器に移す。

【マンゴーソース】

材料（でき上がり約 350 g）

冷凍マンゴー·········· 300 g
グラニュー糖··········· 70 g
ライム（なければレモン）の
  搾り汁··············· 7 ml
コーンスターチ········· 5 g
白ワイン············· 100ml

1
すべての材料を鍋に入れ、混ぜ合わせる。

2
1 を弱めの中火にかけ、フツフツしてきたら弱火にし、焦げないようにして混ぜながら 3 分ほど煮る。

3
火を止め、ハンディブレンダーで混ぜてピュレ状にする。

4
ボウルの上にザルをおき、3 を入れ、木のスプーンなどで漉してなめらかにする。冷めたら容器に移す。

● この本で使う道具のこと

【型】

この本で使っているのは主に直径15cm、高さ5cmの丸型の底取タイプ。ケーキによっては底つきタイプ、角型、パウンド型、ホーローバットなども使っています。オーブンシートを敷いて使うのが基本。敷き方はp.9参照。

タルトを作るときに使うタルト型。この本ではクリームチーズタルト（p.48）、バナナチーズチョコタルト（p.86）で使っています。こちらも直径15cmのもの。

カップケーキやマフィンを作るときに使うマフィン型。これは6個分を焼くときのものですが、一つずつのものを使っても。型がなければ、紙製のベーキングカップでも。この本ではスイートチーズマフィン（p.30）に使っています。

【よく使う道具】

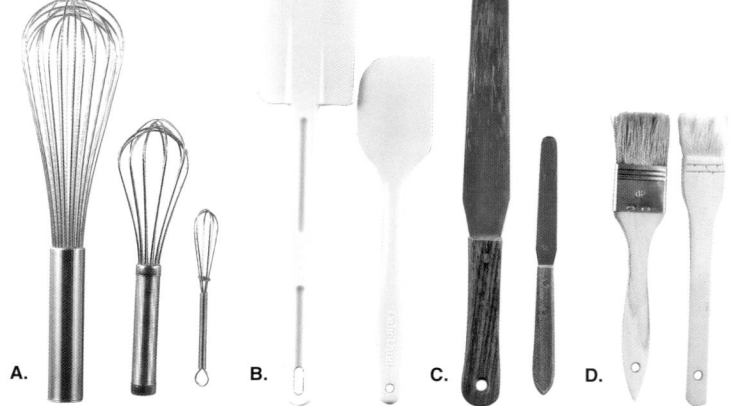

A. 泡立て器

粉類やバターをすり混ぜたり、生地を混ぜ合わせるとき、生クリームを泡立てるときなどに使います。鍋やボウルの大きさ、分量によって、大中小のサイズを使い分けるといいですね。大と中は、泡立部分のふくらみが大きく持ちやすいものを。

B. ゴムベラ

生地を混ぜたりかき集めたりと、曲面で使うことが多いので、ゴムに弾力があって、先がある程度やわらかいものを。鍋やボウルの大きさ、分量によって、大と中のサイズがあると便利です。

C. パレットナイフ

クリームをぬったり、表面をならしたいときなどに使います。少量用に小サイズのものもあると便利。

D. ハケ

シロップや卵黄、オイルをぬったり、余分な粉をはたくときなどに使います。乾いた状態で使いたいので、2本ほどあるといいでしょう。

* * *

初 級 編

////////////////////////////////////

まず最初に作りたいのが、
最もベーシックなレアチーズケーキと
シンプルなベイクドチーズケーキ。
どちらもボトムに市販のビスケットを使い、
手軽に作れるようにしました。
また、型を使わずに作れるパイサンドや
グラスで仕上げるティラミス、
市販のパンを使ったマリトッツォなど、
比較的少ない材料で、手順も少なく、
初心者でも手軽に作れるレシピを紹介します。

混ぜるだけのレシピですが、
おいしさは一級品
* * *

レアチーズケーキ

クリームチーズにホワイトチョコレートを加えてコクを足し、
泡立てた生クリームを混ぜることで軽い食感に仕上げます。
ホワイトチョコレートの湯せんや
粉ゼラチンの使い方などがポイントです。
ボトムに使うビスケットはシンプルな味のものを用い、
バターなどを混ぜずにそのまま敷き詰めて簡単にしました。

材料／直径 15cm の丸型（底取タイプ） 1 台分

クリームチーズ	100 g
ホワイトチョコレート	40 g
牛乳	50ml
レモンの搾り汁	15ml
生クリーム（乳脂肪分 40％以上）	150ml
グラニュー糖	30 g
粉ゼラチン	5 g
水	30ml
ビスケット	10 枚くらい
＜仕上げ用＞	
生クリーム（乳脂肪分 40％以上）	50ml
グラニュー糖	5 g
ラズベリー、ブルーベリーなどのベリー類、ミント	各適量
レモンの輪切り	適量

準　備　▶・クリームチーズは室温にする。
　　　　　・牛乳は冷蔵庫から出して室温にする。
　　　　　・型にオイル少々（分量外）を
　　　　　　ぬってオーブンシートを敷く（p. 9 参照）。——→

01

小さい耐熱容器に分量の水を入れ、粉ゼラチンをふり入れて軽く混ぜ、ふやかす。

02

型にビスケットの約半量を敷き、空いたところはビスケットを適当に割って敷く。こんな感じでよい。

03

ボウルにホワイトチョコレートを小さく切って入れ、湯せんでゆっくりと溶かす。

texture

ゴムベラを使ってなめらかに

04

溶けたらそのまま保温しておく。

05

ムラがないようによく混ぜ合わせる

texture

別のボウルにクリームチーズを入れてゴムベラで練り、4 のホワイトチョコレートを加えてよく混ぜる。

06

牛乳とレモンの搾り汁を順に加え、少しずつ泡立て器で混ぜ、混ざってきたら大きく混ぜる。

texture

とろりとなめらかな状態に

泡立て器にぽってりとつく程度

texture

07

別のボウルに生クリームとグラニュー糖を入れ、泡立て器で8分立てにする。

08

1 のゼラチンを電子レンジ（500W）で約20秒、沸騰させないように様子を見ながら加熱して溶かす。

09

熱いゼラチンを 6 に加え、手早く混ぜ合わせる。

10

7の泡立てた生クリームに加えて、やさしく混ぜ合わせる。

11

これでふんわりとしたチーズクリームの完成。

12

2の型に静かに流し入れ、表面をならす。

13

2と同様にビスケットをラフにのせ、ラップをし、冷蔵庫でしっかりかたまるまで6時間ほど冷やす。

14

ラップを取り、グラスなどで下から押し上げ、型抜きをして器に盛る。

15

仕上げ用の生クリームとグラニュー糖をボウルに入れ、8分立て（泡立て器にぽってりとつく程度）にする。

16

ケーキの上にのせ、ぬり広げる。

17

パレットナイフなどで筋をつけ、ベリー類、ミント、レモンを飾る。切り分けたら、レモンの薄切りをおいた上にのせる。

混ぜて焼くだけの、ベーシックなタイプ

* * *

ベイクドチーズケーキ

//

初めての人でも作りやすい、ベイクドチーズケーキです。
生クリームを使わないのでさっぱりしていますが、
しっとりとした濃厚さにはこだわりました。
ボトムを高く敷き入れて焼き、
くずして冷やすだけで全体に
クッキークランブルをまとうことができます。
簡単なのに目を引くビジュアルです。

材料／直径 15cm の丸型（底取タイプ）1 台分

クリームチーズ	200 g	オイル	10 g
グラニュー糖	90 g	牛乳	10ml
プレーンヨーグルト	60 g	**＜ボトム＞**	
レモンの搾り汁	10ml	ビスケット	130 g
卵（L サイズ）	1 個	バター（食塩不使用）	70 g
バニラオイル	5 滴	ハニークルミ（p.43 参照）	適量
薄力粉	15 g		

準 備 ▶ ・クリームチーズは室温にする。

・型にオイル少々（分量外）をぬって
オーブンシートを敷く（p. 9 参照）。→

焼き時間 ▶ 170℃で約 30 分

01

フードプロセッサーに
ビスケットを入れて撹
拌し、細かくする。

texture

**砕いてサラサラ
の状態に**

02

バターを耐熱容器に入れ、電子レン
ジ（500W）で約 30 秒加熱して溶
かす。

03

小さい泡立て器などで混ぜてムラが
ないようにする。

04

溶かしたバターを1に
加え、さらに撹拌して
混ぜ合わせる。

texture

**しっとりとした感
じ。これがボトム**

05

ボトムを型に入れ、グラスの底など
で押してきれいに広げる。

06

立ち上がり部分と側面も計量カップ
などの角があるものでしっかり押し
かためる。

07

＼ここでオーブンを
170℃に予熱／

これでボトムの敷き詰めが完了。

08

縦長の容器にボトムとハニークルミ
以外の材料をすべて入れる。

09

ハンディブレンダーでなめらかにな
るまで混ぜる。

10

ザルで漉して、さらになめらかにする。

11

ゴムベラで底からやさしく全体を混ぜて、空気を抜く。

12

7の型にゆっくりと流し入れる。

13

表面をならし、天板にのせ、170℃のオーブンで約30分焼く。

14

焼き上がり。型に入れたまま冷ます。

15

冷めたら、チーズ生地より上に出ているボトムを砕く。

16

フォークなどできれいにならし、冷蔵庫で6時間以上冷やす。

17

グラスなどで下から押し上げ、型抜きをして器に盛る。ハニークルミを添える。

市販のパイシートを使った、サクッと軽い食べ心地

* * *

クリームチーズパイサンド

甘いだけではなく、レモンが香るさっぱりとした
クリームチーズフロスティングがおいしさのポイント。
パイシートを焼いている間に作り、あとははさむだけ。
酸味のあるフルーツとよく合います。
このクリームは常温でも溶けにくいので、
お土産に持っていくのもおすすめ。
残ったらドーナツやカップケーキの上に絞っても。

材料／直径 6 cm のセルクル 6 個分

冷凍パイシート	75 g × 2 枚	バニラエッセンス	3 滴
卵黄（L サイズ）	1 個分	レモンの搾り汁	5 ml
はちみつ	10 g	粉糖	35 g
クリームチーズ	100 g	いちご（小粒）	6 粒
バター（食塩不使用）	30 g	仕上げ用粉糖（ノンウェット）	適量

準　備 ▶ ・クリームチーズは室温にする。
　　　　　・バターは冷蔵庫から出してやわらかくする。
　　　　　・いちごはヘタをつけたまま洗い、水気を拭く。

焼き時間 ▶ 190℃で約 15 分

\ここでオーブンを/
200℃に予熱

01

台の上にパイシートをのせ、セルクルで抜く。6枚作る。

02

小さい容器に卵黄を入れ、はちみつを加えて混ぜ合わせる。

03

天板にオーブンシートを敷いてパイシートを並べ、縁をフォークなどで押さえる。

04

2の卵黄をハケでぬる。

05

オーブンの温度を190℃に下げ、15分ほど焼く。焦げないように時間を調整する。

06

クリームチーズをボウルに入れ、ゴムベラで練ってなめらかにする。

**ムラがないように
なめらかに**

07

バター、バニラエッセンス、レモンの搾り汁を加え、泡立て器でよく混ぜる。

なめらかに

08

粉糖を加えて混ぜ合わせる。これでクリームチーズフロスティングのでき上がり。

09

5のパイの焼き上がり。

**ぷくっとふくれて
貝殻みたいな感じ**

10	11	12

ナイフなどでそっと上下に開く。	絞り出し袋にクリームチーズフロスティングを入れ、丸く絞り入れる。	少しはみ出すようにいちごをのせ、パイの形を戻し、粉糖（ノンウェット）を茶漉しなどに入れてふる。

カスタードソースを使って
コクのある味わいに

* * *

グラスティラミス

フィンガービスケットは手に入りにくいので、
手軽に買えるビスケットをそのまま使いました。
アングレーズソースではなく、
ゆるめの濃厚なカスタードを使うのがポイント。
ブランデーは、お子様がいる場合は抜いてもいいですが、
入れると味がぐっと深まるので大人にはおすすめ。

材料／ 150ml 容量のグラス 3 個分

マスカルポーネチーズ	100 g
練乳	20 g
生クリーム（乳脂肪分 40％以上）	100ml
グラニュー糖	20 g
＜コーヒーシロップ＞	
インスタントコーヒー（粉末）	10 g
グラニュー糖	15 g
湯	50ml
ブランデー	25ml
水	50ml
カスタードソース（p.10 参照）	100 g
ビスケット	12 枚
＜仕上げ用クリーム＞	
生クリーム（乳脂肪分 40％以上）	100ml
グラニュー糖	10 g
ココアパウダー（ノンウェット）	適量
ミント（あれば）	少々

準　備　▶ ・マスカルポーネチーズは室温にする。

　　　　　・生クリームは使う直前まで冷やす。

01

コーヒーシロップを作る。容器にインスタントコーヒー、グラニュー糖、分量の湯を入れて溶かし、ブランデーと分量の水を混ぜて冷やす。

02

ボウルにマスカルポーネチーズと練乳を入れて泡立て器でよく混ぜる。

03

別のボウルに生クリームとグラニュー糖を入れ、泡立て器で9分立て(角がしっかり立つくらい)にする。

04

2のボウルに3の生クリームを加え、ゴムベラでやさしく合わせる。

05

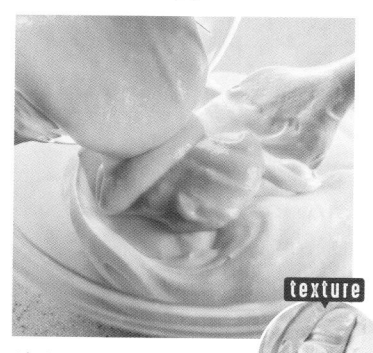

冷やしておいたカスタードソースを4に加え、ゴムベラでやさしく合わせる。

texture

**ゴムベラで切る
ようにして**

06

ムラなく混ぜたらティラミスクリームのでき上がり。

07

絞り出し袋に入れ、使うまで冷蔵庫に入れておく。計量カップに立てて入れておくとよい。

08

1のコーヒーシロップにビスケット1枚を10秒ほど浸す。

09

8をグラスに入れる。グラスはビスケットが平らに入れられるサイズのものを使う。

10

ティラミスクリームを適量絞り入れる。

11

コーヒーシロップに浸したビスケット、ティラミスクリームを交互にのせ、4段にする。

12

表面をならし、3時間以上冷蔵庫で冷やす。

13

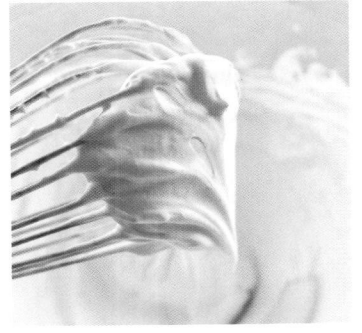

仕上げ用クリームを作る。生クリームにグラニュー糖を加えて8分立て（泡立て器にぽってりとつく程度）にする。

14

絞り出し袋に入れる。

15

ティラミスの上に絞り出す。ガラスの縁に沿って絞っていくときれいにできる。

16

グラスの下にペーパータオルを敷き、ココアパウダー（ノンウェット）を茶漉しなどでふるいながらかけ、ミントを飾る。

RECIPE
05

6Ｐチーズとマフィン型で
作るから手軽

* * *

スイートチーズマフィン

//

焼きたてアツアツでも冷めてもおいしい、

翌日もかたくならないから朝食にもおすすめの、

ぷくっとふくらんだ形が愛らしいマフィンです。

チーズは6Ｐチーズ、油脂はオイルを使い経済的。

最後にかけるパルメザンチーズが香ばしさの秘密です。

材料／直径6〜7cmのマフィン型6個分

薄力粉	130 g	きび砂糖	90 g
コーンスターチ	20 g	オイル	60 g
重曹	2 g	レモンの搾り汁	10ml
ベーキングパウダー	2 g	レモンオイル（あれば）	3滴
牛乳	90ml	卵（Lサイズ）	1個
6Ｐチーズ	6個	パルメザン粉チーズ	10ふりくらい

準　備 ▶ ・マフィン型にグラシンカップを敷く。 ——→

焼き時間 ▶ 180℃で約16分

01

薄力粉、コーンスターチ、重曹、ベーキングパウダーをボウルに入れ、泡立て器で混ぜる。ダマがあったらふるう。

02

鍋に牛乳とチーズを入れる。

03

弱〜中火にかけ、泡立て器で混ぜながらチーズを溶かす。

04

きれいに溶けたら火から外し、熱いうちにきび砂糖を加える。

05

よく混ぜて溶かし、ボウルに移して粗熱を取る。

06

オイルとレモンの搾り汁、レモンオイルを加えてよく混ぜる。

07

卵を割り入れ、ほぐしながら混ぜ合わせる。

texture
なめらかになったらOK

08

ここでオーブンを
180℃に予熱

混ぜておいた粉類を7に加える。

09

ゴムベラで底からすくうようにしながらさっくりと混ぜていく。

texture
やさしく粉を隠し
合わせるように

10

粉っぽさがなくなるま
で混ぜる。

texture

**ツヤが出たら
混ぜ終わり**

11

型に流し入れ、パルメザン粉チーズ
をふる。

12

180℃のオーブンで16分ほど焼く。
焼きすぎるとパサッとするので気を
つける。

13

焼き上がり、粗熱が取れたら型から
出し、冷めたらビニール袋などに入
れて乾燥を防ぐ。

クリームたっぷり、
イタリアの菓子パンをアレンジ
* * *

チーズマリトッツォ

///

マリトッツォは甘いクリームをたっぷりはさんだ
イタリアの菓子パン。ここで紹介するのは
さっぱりとしたチーズクリームをはさんだタイプです。
パンは市販のものを使って初級用に簡単にしました。
おすすめはヤマザキの薄皮クリームパン。
中のクリームと自家製のチーズクリームがよく合います。

材料／5個分

丸いクリームパン（ヤマザキ薄皮クリームパン）	5個
クリームチーズ	40 g
生クリーム（乳脂肪分40%以上）	100ml
練乳	20 g
＜仕上げ用＞	
いちご、ブルーベリー、ラズベリーなどのベリー類	適量
粉糖（ノンウェット）	適量

準　備 ▶ クリームチーズは室温にする。

01

クリームパンは丸い形のものが作り
やすい。

02

クリームパンの上部をくし形に切り
取る。

03

ボウルにクリームチーズを入れ、ゴ
ムベラで練ってなめらかにする。

なめらかに
なるまで
texture

04

練乳 10g を加えてさ
らに練り混ぜる。

texture

全体に混ざっ
たら OK

05

別のボウルに生クリームを入れ、練
乳 10g を加え、泡立て器で 9 分立て
（角がしっかり立つくらい）にする。

06

4 を加えて混ぜ合わせる。これで
チーズクリームの完成。

07

パンの切り口にチーズクリームをの
せる。

08

空洞を埋めるようにしっかりと詰
め、さらにチーズクリームをのせる。

09

パレットナイフなどの平たいもので
表面をならす。

10

パレットナイフを拭きながらならす
ときれいに仕上がる。

11

同様にして5個すべてに詰め、形を
整える。

12

いちご、ブルーベリー、ラズベリー
などのベリー類を薄切りにし、クリー
ムにくっつけるようにして飾り、粉
糖（ノンウェット）をふる。

カッサータ風の、
ちょっと豪華なアイスクリーム

* * *

チーズとフルーツの
アイスケーキ

カッサータはリコッタチーズにフルーツやナッツを
入れて作る、イタリアの伝統的なひんやりスイーツ。
ここでは手に入りやすいクリームチーズを使い、
ゆるめのカスタードソースを混ぜ込むことで
コクをプラスし、リッチな味わいに仕上げます。
パウンド型で作り、切り分けていただきます。

材料／ 18 × 9 ×高さ 8 cm のパウンド型 1 台分

＜クリームチーズ生地＞

クリームチーズ	150 g
生クリーム（乳脂肪 40% 以上）	100ml
カスタードソース（p.10 参照）	100 g
練乳	80 g
バニラエッセンス	5 滴
スイートチョコレート	30 g
フローズンベリー（好みのもの）	100 g
フローズンキウイ	20 g
ウエハース（プレーン）	6 枚

＜仕上げ用＞

ビスケット	適量
ミント（あれば）	少々

準 備 ▶ ・クリームチーズは室温にする。

・生クリームは使う直前まで冷やす。

・型にオーブンシートを敷く（p. 9 参照）。——→

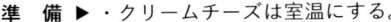

01

ボウルにクリームチーズを入れ、ハンドミキサーで練る。

02

ふわふわに
なるまで
texture

練乳40gを加え、ハンドミキサーでふわふわになるまで1分ほど混ぜる。

03

ムラなく混
ぜること
texture

カスタードソースを加えてさらに混ぜる。

04

別のボウルに生クリーム、練乳40g、バニラエッセンスを入れて9分立て（角がしっかり立つくらい）にする。

05

4を3のボウルに加える。

06

ゴムベラでやさしく、ムラなく混ぜ合わせる。

07

これが基本のクリームチーズ生地。

08

チョコレート、フローズンベリー、フローズンキウイを細かく刻んで加える。

texture

フルーツの大き
さは好みでOK

09

ゴムベラでやさしく混ぜ込む。

生地の間にウエ
ハースをはさむ
texture

10

これでアイスクリーム生地が完成。

11

型にアイスクリーム生地の⅓量を
入れ、ウエハース２枚をのせ、残り
の生地の½量をのせる。

12

さらにウエハース４枚をのせ、残り
の生地を入れ、型をとんとんと落と
して空気を抜き、表面をならす。

13

好みで、刻んだチョコレートやフ
ローズンフルーツ（各分量外）を飾
り、ラップをして冷凍庫で６時間ほ
ど冷やしかためる。

14

かたまったらオーブンシートごと取
り出す。

15

器にビスケットを敷いて溶けてもい
いようにし、アイスケーキをのせ、
ミントを飾る。好きな量を切り分け
ていただく。

ブルーチーズがちょっと苦手という人にも
おすすめ

* * *

ゴルゴンゾーラの
おつまみチーズケーキ

ブルーチーズの中でも食べやすいゴルゴンゾーラチーズを
やわらかい水きりケーキにしました。
プルーンと生クリームを加えることでクセがやわらぎ、
自家製のハニークルミをかけると
味に奥行きが出て、おいしさ倍増。
ぜひお好きなワインとともにお楽しみください。

材料／直径 14cm x 高さ 5.7cm のボウル 1 個分

クリームチーズ ……………………………………50 g
ゴルゴンゾーラチーズ ……………………………50 g
種なしプルーン ……………………………………50 g（4 〜 5 個）
白ワイン …………………………………………15ml
はちみつ …………………………………………10 g
グラニュー糖 ……………………………………50 g
生クリーム（乳脂肪分 40% 以上）……………50ml
＜ハニークルミ（作りやすい分量）＞
　ローストクルミ ………………………………60 g
　はちみつ ………………………………………100 〜 150 g
　シナモンパウダー ……………………………好みで 5 ふり
　黒こしょう ……………………………………好みで少々
バゲットの薄切り …………………………………適量
＜仕上げ用＞
　赤粒こしょう、ローズマリー（あれば）……各少々

準　備 ▶ ハニークルミは前もって作っておくとよい。

01

ハニークルミを作る。クルミは
フォークなどで全体の3割を目安に
軽く砕き、シナモンパウダーとこ
しょうを入れて混ぜる。

02

保存瓶などに入れ、は
ちみつをひたひたに加
える。

**はちみつの量
はこのくらい**

03

ふたをして一晩以上おき、味をなじ
ませる。1週間くらいおくとさらに
おいしくなる。

04

フードプロセッサーにクリームチー
ズ、ゴルゴンゾーラチーズ、プルー
ン、白ワイン、はちみつ、グラニュー
糖25gを入れる。

05

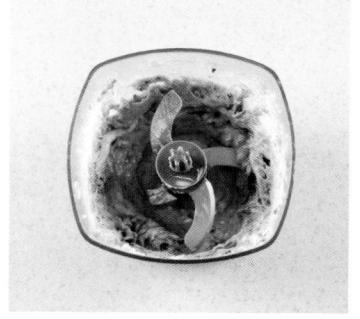

撹拌してなめらかにする。

06

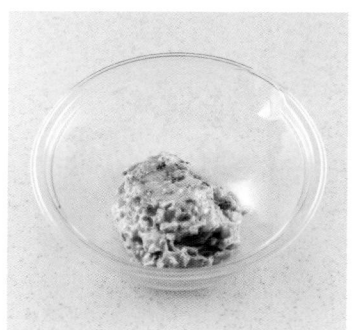

ボウルに取り出しておく。

07

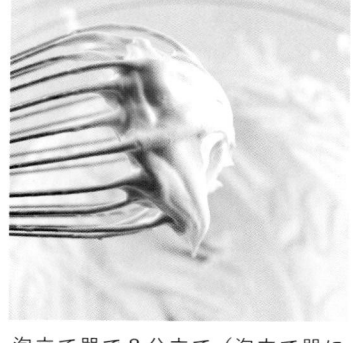

別のボウルに生クリームとグラ
ニュー糖25gを入れる。

08

泡立て器で8分立て(泡立て器に
ぽってりとつく程度)にする。

09

6のボウルに加え、ゴムベラでやさ
しく、ムラなく混ぜ合わせる。

10

直径 14cm × 高さ 5.7cm 程度のボ
ウルを用意し、ペーパータオルを敷
いて 9 のチーズを入れる。

11

ペーパータオルで包み、ラップをし
て冷蔵庫で一晩おく。

12

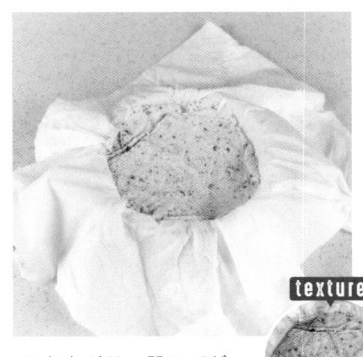

できあがり。器にバゲッ
トとともに盛り、赤粒こ
しょう、ローズマリーを
飾る。ハニークルミをか
けていただく。

texture

**水きりされて
ペースト状に**

子どもの頃、一番好きだったケーキは
チーズケーキ！

　私は小学校を卒業する頃まで、デコレーションケーキの味が苦手で、お誕生日のケーキはいつも生クリームがのっていないチーズケーキでした。逆にチーズケーキが苦手な妹は、私のお誕生日にはケーキが食べられず、悪いことをしたなあと今になって思います。妹はチョコレートケーキ専門で、私は妹の分も食べられて、ちょっとうれしかったけれど。

　チーズケーキとはちょっと違うのですが、祖母の作るヨーグルトムースが大好きで、まだ就学前でしたが、感動した記憶があります。当時はヨーグルトを水きりするという発想があまりなく、水きりしていないヨーグルトに生クリームをホイップして加え、ゼラチンでかためる簡単なムースだったのですが、いつも食べているヨーグルトとは全然違うこのかたまったケーキのおいしさにやみつきになって、おやつの時間が楽しみで仕方なかったのです。そのままでよし、凍らせてよし、魔法のようなデザートでした。ここから私のチーズケーキ好きは始まったと思っています。

2

How to make delish Cheese Cake

* * *

中 級 編

チーズケーキのレシピは無限大。
アイデアと工夫次第でいろいろなおいしさが
味わえるのが魅力です。ここでは、
手作りのタルト台を使ったレアチーズタルト、
バットで焼き上げるバスクチーズケーキ、
湯せん焼きで仕上げるニューヨークチーズケーキなど、
さまざまなタイプのチーズケーキを紹介。
また、チーズ生地に抹茶やラズベリーソースを
加えた、アレンジレシピもラインナップ。
チーズケーキ作りで覚えたいコツがいっぱいです。

サクッとしたタルトとコーンフレークで
gemomoge 風
* * *

クリームチーズタルト

簡単に焼けるオイルで作るタルト台にコーンフレークを敷き詰め、
その上にチーズクリームをのせて
いちごとブルーベリーを飾りました。
簡単だけどぐっと見栄えがしておいしいタルトです。
バター不使用なのでさっぱりとしています。
フルーツはお好みのものでOKですが、酸味のあるものがよく合います。

材料／直径 15cm の丸型（底取タイプ）1 台分

＜タルト台＞

薄力粉	80 g
粉糖	30 g
オイル	25 g
バニラオイル	3 滴
溶き卵	15 g
ホワイトチョコレート	40 g
コーンフレーク	40 g

＜チーズクリーム＞

クリームチーズ	150 g
粉糖	30 g
生クリーム（乳脂肪分 40％以上）	75ml
レモンの搾り汁	7 ml
バニラエッセンス	3 滴
ブランデー	5 ml

＜仕上げ用＞

いちご、ブルーベリーなど	各適量
粉糖（ノンウェット）	適量

準　備 ▶ ・クリームチーズは室温にする。
　　　　・生クリームは冷蔵庫から出してクリームチーズと同じくらいの温度にする。
　　　　・型にオイルスプレー（カーレックススプレー）を吹きかける。
　　　　バターをぬって薄力粉をはたいてもＯＫ。

焼き時間 ▶ 170℃で約 25 分

01

ここでオーブンを170℃に予熱

タルト台を作る。ビニール袋に薄力粉と粉糖を入れてよくふり、オイルとバニラオイルを加える。

02

よくふってそぼろ状にする。

03

ボウルに移し、溶き卵を加え、カードなどで切るようにして混ぜる。

texture
練らないようにする

04

練らずに押しまとめ、オーブンシートの上におき、大きめに切ったラップをのせる。

05

めん棒で丸く薄くのばし、型よりひとまわり大きくする。

06

ひっくり返してオーブンシートをはがし、ラップ面を上にして型に敷き込む。ラップは取り除く。

07

型からはみ出たタルト生地は、めん棒を型の上で転がして押し切る。

08

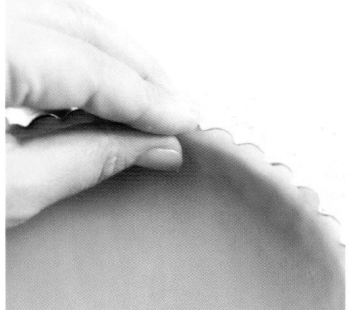

底面だけでなく、側面も指でしっかり押して形を整える。

09

フォークで全体に穴をあけ、天板にのせ、170℃のオーブンで約25分焼く。

10

焼き上がり。冷めたら型から抜く。

11

ボウルにホワイトチョコレートを小さく切って入れて湯せんで溶かし、湯せんからはずす。

texture
なめらかに
なったらOK

12

コーンフレークを加えて混ぜる。

13

10のタルト台に詰めて、冷蔵庫で冷やしておく。

14

チーズクリームを作る。ボウルにクリームチーズを入れてほぐし、粉糖を入れて練る。

15

生クリームを3回に分けて加え、その都度泡立て器でよく混ぜる。

texture
照りが出る
感じ

16

レモンの搾り汁、バニラエッセンス、ブランデーを加えてよく混ぜる。

texture
角が立つくら
いまで

17

13のタルトを冷蔵庫から出し、チーズクリームをのせて全体にやさしくならす。

18

ヘタを取ったいちご、ブルーベリーをのせ、仕上げに粉糖(ノンウェット)をふる。

材料も作り方もいたってシンプル。
常温でも冷やしても美味！

* * *

バスクチーズケーキ

ここ数年日本でも人気のバスクチーズケーキを
取り分けやすいようにホーローバットで焼きました。
このままふたをして持ち運べるので
手土産や持ち寄りにも便利です。
濃厚なバスクチーズケーキは小さく切って食べるのがおすすめ。
表面の香ばしい風味とクリームチーズの味わいが
口いっぱいに広がります。

材料／ 24 × 17cm のホーローバット 1 台分

クリームチーズ	400 g
グラニュー糖	120 g
練乳	50 g
生クリーム（乳脂肪分 40% 以上）	200ml
バニラオイル	5 滴
レモンオイル（あれば）	5 滴
レモンの搾り汁	20ml
卵（L サイズ）	3 個
コーンスターチ	10 g
ラム酒	15ml

準　備　▶・クリームチーズは室温にする。
　　　　　・ホーローバットにオーブンシートを濡らして
　　　　　　絞ったものを 2 枚重ねて敷く。　　　　　▶

焼き時間　▶ 250℃で約 20 分

01

ここでオーブンを
250℃に予熱

ボウルにクリームチーズを入れ、ハンドミキサーで撹拌する。

02

グラニュー糖を加え、なめらかになるまでさらに撹拌する。

03

ムラのないよう
にしっかりと

texture

練乳、生クリーム、バニラオイル、レモンオイル、レモンの搾り汁を加えてさらに撹拌する。

04

卵を1個ずつ加え、その都度よく混ぜ合わせる。

texture

かなりもったりとする

05

別のボウルにコーンスターチを入れる。

06

4のチーズ生地をお玉1杯分すくって5に加え、混ぜ合わせる。

texture

泡立て器でよく混ぜる

07

4のチーズ生地のボウルに戻し入れ、ハンドミキサーに持ち替えてよく混ぜる。

08

ラム酒を加えて風味をつける。

09

ザルで漉してなめらかにする。

10

ゴムベラで底からやさしく返して空気を抜く。

11

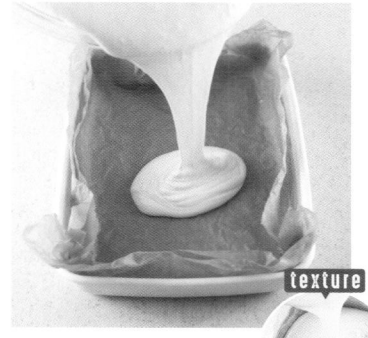

texture

とろり、なめらか

オーブンシートを敷いたホーローバットにゆっくり流し入れる。

12

250℃のオーブンで約20分焼く。予熱が完了して10分ほどたってから入れる。

13

焦げすぎるようならアルミホイルをかぶせる。

14

焼けたら冷まし、冷蔵庫で一晩おいて落ち着かせる。

リッチな生地を湯せんで 焼き上げるのが特徴

* * *

ニューヨークチーズケーキ

10代からずっと焼き続けているレシピで、
湯せんで焼くニューヨークチーズケーキです。
サワークリームの代わりに
水きりヨーグルトとレモンの搾り汁をたっぷりと入れ、
空気を抱き込まずに混ぜて低温でじっくり焼くのが
とろけるような口溶けに仕上げるコツです。

材料／直径15cmの丸型（底取タイプ）1台分

クリームチーズ	200 g	薄力粉	12 g
グラニュー糖	80 g	コーンスターチ	12 g
水あめまたははちみつ	20 g	**＜ボトム＞**	
生クリーム（乳脂肪分40%以上）	160ml	ビスケット	80 g
プレーンヨーグルト	160 g	バター（食塩不使用）	40 g
レモンの搾り汁	25ml	**＜仕上げ用＞**	
全卵（Lサイズ）	1個	アプリコットジャム	30 g
卵黄（Lサイズ）	1個分	好みの洋酒（ラム酒、コアントローなど）	10ml

準　備　▶ ・クリームチーズは室温にする。

・型にオイル少々（分量外）をぬって
オーブンシートを敷く（p. 9参照）。

焼き時間　▶ 160℃で約30分→150℃で約20分→190℃で10分〜

01

ヨーグルトはペーパータオルを敷いたザルに入れ、下にボウルをおき、半分の重量（80ｇ）になるまで水きりする。

02

砕いてサラサラ
の状態に
texture

ボトムを作る。フードプロセッサーにビスケットを入れて撹拌し、細かくする。

03

バターを耐熱容器に入れ、電子レンジ（500W）で約30秒加熱して溶かす。

04

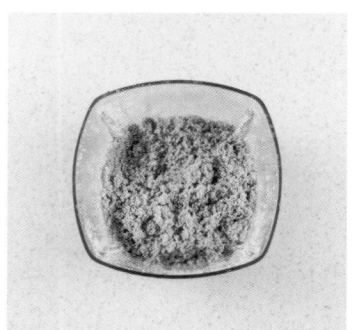

溶かしたバターを2に加え、さらに撹拌して混ぜ合わせる。これがボトム。

05

ここでオーブンを
160℃に予熱

ボトムを型に入れ、グラスの底などで押してきれいに広げ、しっかり押しかためる。

06

なめらかに
なるまで
texture

ボウルにクリームチーズを入れてゴムベラで練り、グラニュー糖と水あめを加えてよく混ぜる。

07

空気を入れ
ないように
texture

生クリームを3回に分けて加え、その都度泡立て器でよく混ぜる。ボウルの底に泡立て器を当てて切るように。

08

ムラがない
ように
texture

1の水きりヨーグルトを入れてよく混ぜ、レモンの搾り汁を加えてさらに混ぜる。

09

卵と卵黄を一気に入れ、ムラがないようによく混ぜる。

10

薄力粉とコーンスターチを合わせて
ふるい入れ、なめらかになるまで混
ぜる。

11

texture

ザルで漉す。ゴムベラで
押しつけながら漉すとよ
い。

**キメが細か
くなる**

12

型に入れてならす。型をアルミホイ
ルで覆ってバットにのせ、それを天
板にのせ、バットに約40℃の湯を
2cm深さまで張る。

13

160℃のオーブンで約30分焼き、
一度扉を開けて閉め、150℃で約20
分焼き、190℃で10分ほど、様子
を見ながら焼く。

14

焼き上がりが近くなったら、アプリ
コットジャムと洋酒を小鍋に入れて
火にかけ、混ぜながら温め、容器に
移す。

15

焼き上がったらハケでやさしく表面
にぬり、そのまま庫内に20分ほど
入れておく。

16

オーブンから出し、粗熱が取れたら
14のジャムを再度ぬり、アルミホイ
ルを取って冷蔵庫でよく冷やす。

17

しっかり冷えたチーズケーキを瓶や
グラスなどで押し上げて型抜きする。

together inserting gusset strip 2.5cm (1in)
Prepare around piping, pillow to check in
if required for ever sections,

湯せん焼きにしたケーキと
自家製ラズベリーソースの組み合わせ

* * *

ラズベリーチーズケーキ

ホワイトチョコレートをたっぷり入れて
湯せんで焼き上げたミルキーなチーズケーキです。
自家製ラズベリーソースをフレッシュなラズベリーに
まとわせて飾りつけると、白いケーキに赤の色が映えます。
酸味も加わって、華やかな味わいになります。
クリスマスやお祝いの集まりにもおすすめです。

材料／直径 15cm の丸型（底取タイプ）1 台分

クリームチーズ	200 g	ラズベリーソース（p.10 参照）	15 g
グラニュー糖	50 g	＜**ボトム**＞	
ホワイトチョコレート	120 g	ビスケット	80 g
コーンスターチ	5 g	バター（食塩不使用）	40 g
生クリーム（乳脂肪分 40% 以上）	30ml	＜**仕上げ用**＞	
牛乳	30ml	ラズベリー	100 g
バニラオイル	5 滴	ラズベリーソース（p.10 参照）	30 g
卵（L サイズ）	1 個	ミント	少々

準 備 ▶ ・クリームチーズは室温にする。

・牛乳と生クリームは冷蔵庫から出して室温にする。

・型にオイル少々（分量外）をぬって
　オーブンシートを敷く（p. 9 参照）。　　　→

焼き時間 ▶ 160℃で約 40 分

ムラなく溶かす
texture

01

ボウルにホワイトチョコレートを小さく切って入れ、湯せんで溶かし、保温しておく。

02

ボトムを作る。フードプロセッサーにビスケットを入れて撹拌し、砕いてサラサラの状態にする。

しっとりとした感じ
texture

03

バターを耐熱容器に入れ、電子レンジ（500W）で約30秒加熱して溶かし、2に加えてさらに撹拌して混ぜ合わせる。

ここでオーブンを160℃に予熱

04

3のボトムを型に入れ、グラスの底などで押してきれいに広げ、しっかり押しかためる。

なめらかになるまで
texture

05

ボウルにクリームチーズを入れてハンドミキサーで練り、グラニュー糖を加えてよく混ぜる。

06

1のホワイトチョコレートが人肌程度に温かいことを確認してから加え、よく混ぜる。

ツヤがある感じ
texture

07

コーンスターチを加えてさらによく混ぜる。

08

生クリーム、牛乳、バニラオイルを加えてよく混ぜる。

09

卵を加え、ムラがないようによく混ぜる。

10

ザルで漉す。ゴムベラで押しつけながら漉すとよい。

11

ゴムベラで底からやさしく返して気泡を抜く。

12

そっと型に流し入れて、ならし、アルミホイルで覆う。

13

ラズベリーソースをスプーンなどでぽんぽんと落とす。

14

全体に模様をつける
texture

すぐに、楊枝や竹串でマーブル模様を描く。

15

これが湯せん焼き
texture

バットにのせ、それを天板にのせ、バットに約40℃の湯を2cm深さまで張る。160℃のオーブンで約40分焼く。

16

焼き上がり。冷めたらアルミホイルを取って冷蔵庫でよく冷やし、瓶やグラスなどで押し上げて型抜きする。

17

ラズベリーを洗って水気を拭き、ボウルに入れ、ラズベリーソースを加えて絡める。

18

しっかり冷えたチーズケーキの上に飾りつけ、ミントを添える。

甘さ控えめでしっかり濃厚、
大人の味わいです

* * *

塩キャラメル
レアチーズケーキ

ほろ苦いキャラメルクリームを使ったレアチーズケーキです。
酸味をつけずに仕上げているので、とてもミルキー。
そこに塩をふってアクセントをつけるのがポイントです。
キャラメルクリームは溶けそうで溶けない半生な感じが、
なんとも言えず、食欲をそそります。
チーズケーキの部分と一緒に口の中で溶かして食べてください。

材料／直径 15cm の角型（底取タイプ）1 台分

クリームチーズ	250 g
グラニュー糖	70 g
生クリーム（乳脂肪分 40% 以上）	120ml
バニラエッセンス	6 滴
牛乳	30ml
粉ゼラチン	7 g
水	40ml
キャラメルクリーム（p.11 参照）	25 g
＜ボトム＞	
ビスケット	90 g
バター（食塩不使用）	40 g
＜仕上げ用＞	
キャラメルクリーム（p.11 参照）	200 g
自然塩	適量

準　備 ▶ ・クリームチーズは室温にする。

・生クリームは 60ml は冷蔵庫から出して室温にし、60ml は冷やす。

・牛乳は冷蔵庫から出して室温にする。

・キャラメルクリームは室温に戻す。

・型にオーブンシートを敷く（p. 9 参照）。───→

01

ボトムを作る。フードプロセッサーにビスケットを入れて撹拌し、細かくする。

02

バターを耐熱容器に入れ、電子レンジ（500W）で約30秒加熱して溶かす。

03

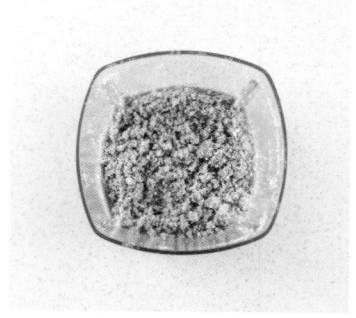

溶かしたバターを1に加え、さらに撹拌して混ぜ合わせる。

04

ボトムを型に入れて広げ、グラスの底などでしっかり押さえて敷き詰める。

05

小さい容器に分量の水を入れ、粉ゼラチンをふり入れて軽く混ぜ、ふやかす。

06

ボウルにクリームチーズを入れて練り、グラニュー糖50gを加え、泡立て器でなめらかになるまで混ぜる。

ふんわりと
する感じ

texture

07

室温の生クリーム60mlを加えてよく混ぜ、バニラエッセンスを入れてさらによく混ぜる。

人肌まで
冷ます

texture

08

耐熱容器に牛乳を入れ、5のふやかしたゼラチンを加え、電子レンジ（500W）で約20秒、沸騰させないように様子を見ながら加熱して溶かす。

09

7の生地に加えてよく混ぜる。

texture

なめらかに
なるまで

泡立て器にぽっ
てりとつく程度
texture

10

別のボウルに冷やしておいた生クリーム 60ml とグラニュー糖 20 g を入れて 8 分立てにする。

11

9 のボウルに加え、なめらかになるまで混ぜ合わせる。これでプレーン生地の完成。

12

プレーン生地から 100 g を取り分け、キャラメルクリームを加え、泡立器で混ぜる。

13

ムラがないようにしっかりと混ぜる。

混ぜすぎない
texture

14

プレーン生地のボウルに戻し入れ、ゴムベラでマーブル状になるように混ぜる。

15

型に流し入れ、ならす。

16

この状態で冷蔵庫でしっかり冷やす。かたまるまで 3 時間以上が目安。

やさしくなら
すように
texture

17

かたまったら仕上げ用のキャラメルクリームをのせ、冷えてかたまるまで冷蔵庫で 3 時間以上冷やす。

塩は 1 切れ
ずつふる
texture

18

瓶やグラスで下から押し上げて型抜きし、温めた包丁で切り分け、塩をふる。

軽くさわやかな風味の
マスカルポーネチーズで

* * *

抹茶レアチーズケーキ

マスカルポーネチーズはなめらかな舌触りのフレッシュチーズ。
そんなチーズに抹茶とカスタードソースを組み合わせました。
抹茶の粉を混ぜてビスケットを砕き、それをボトムにすることで、
抹茶の香りがさらに濃く感じられるようにしました。
2色の生地を一気に作るので簡単です。
抹茶は封を開けたてのものを使うと、香りがグッと立ちます。

材料／直径 15cm の丸型（底取タイプ）1 台分

マスカルポーネチーズ	100 g	**＜ボトム＞**
グラニュー糖	60 g	ビスケット 80 g
カスタードソース（p.10 参照）	100 g	抹茶パウダー 3 g
生クリーム（乳脂肪分 40% 以上）	200ml	バター（食塩不使用） 40 g
バニラエッセンス	5 滴	**＜仕上げ用＞**
粉ゼラチン	7 g	生クリーム（乳脂肪分 40% 以上） 100ml
水	40ml	グラニュー糖 10 g
抹茶パウダー	6 g	レモンの薄切り 5 枚
牛乳	30ml	

準　備　▶・牛乳は冷蔵庫から出して室温にする。
　　　　・抹茶は製菓用として売られている色鮮やかなパウダー状のものを用意。
　　　　　おすすめは丸久小山園の「白蓮」。できればふるってから使う。
　　　　・型にオイル少々（分量外）をぬって
　　　　　オーブンシートを敷く（p. 9 参照）。　　────→

溶かしバター
を加えて
texture

01

ボトムを作る。フードプロセッサーにビスケットと抹茶パウダーを入れる。

02
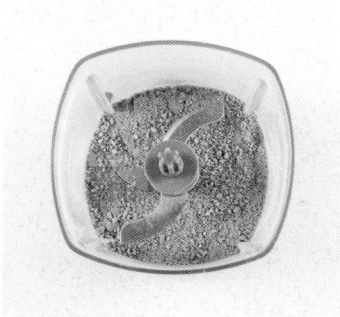
撹拌して砕き、サラサラの状態にする。

03

バターを耐熱容器に入れ、電子レンジ（500W）で約30秒加熱して溶かす。2に加えてさらに撹拌する。

04

ボトムを型に入れて広げ、グラスの底などでしっかり押さえて敷き詰める。

05

耐熱容器に分量の水ををを入れ、粉ゼラチンをふり入れて軽く混ぜ、ふやかす。

06

別の容器に抹茶パウダーを入れ、牛乳を少しずつ加え、なるべくダマにならないように混ぜる。

なめらかにする
texture

07

小さいダマを取るために、一度茶漉しなどで漉してなめらかな抹茶ソースにする。

08

ボウルにマスカルポーネチーズを入れてほぐし、グラニュー糖40gを加え、泡立て器で混ぜる。

ムラがないように
texture

09

カスタードソースとバニラエッセンスを加えて混ぜ合わせる。

10

別のボウルに生クリーム、グラニュー糖20gを入れて9分立て（角がしっかり立つくらい）にしておく。

11

5のゼラチンを電子レンジ（500W）で約20秒、沸騰させないように加熱して溶かし、9に加えてすぐ混ぜる。

12

ふんわりと
texture

10の生クリームを加え、ゴムベラで底から返すようにして合わせる。

抹茶生地の
でき上がり
texture

13

この白い生地から150gを取り分け、残りの生地に7の抹茶ソースを入れ、ゴムベラでやさしく混ぜる。

そっとのばすように
texture

14

取り分けておいた白い生地のうち100gを型に入れ、ならし、10分ほど冷凍庫に入れて表面をかためる。

15

抹茶生地をのせ、型を揺すってならし、表面もやさしくゴムベラでならす。

この状態で冷やす
texture

16

残りの白い生地をランダムにおき、楊枝などでマーブル模様にし、冷蔵庫で6時間以上冷やしかためる。かたまったら下から押し上げて型抜きする。

17

生クリームにグラニュー糖を入れて9分立て（角がしっかり立ってスプーンですくえる状態）にする。

18

温めて水気を拭いたスプーンですくってぽってりとケーキの上におき、レモンを飾る。

ピーナッツバター入りの
甘い チーズフロスティングが特徴
* * *

チーズクリーム
レイヤーケーキ

混ぜるだけでできるココアスポンジで
クリームチーズとピーナッツバターのフロスティングを
はさんだアメリカンなケーキです。
しっとりとしたスポンジとフロスティングの組み合わせは
日本ではなかなか出合えない食感で、クセになるおいしさ。
アメリカのケーキに挑戦してみてください。

材料／直径 15cm の丸型（底の取れないタイプ）1 台分

卵（Mサイズ）	2 個	塩	0.5 g
オイル	70 g	**＜フロスティング＞**	
牛乳	90ml	クリームチーズ	200 g
インスタントコーヒー	1.5 g	ピーナッツバター	50 g
湯	50ml	バター（食塩不使用）	50 g
水	40ml	バニラエッセンス	5 滴
グラニュー糖	120 g	粉糖	60 g
強力粉	60 g	**＜仕上げ用＞**	
薄力粉	60 g	ココアパウダー（ノンウェット）	適量
ココアパウダー	30 g	ビスケット（ミレー）	10 枚
重曹	4 g	ライムの薄切り	5 枚
ベーキングパウダー	4 g	ローズマリー	少々

準　備　▶　・牛乳は冷蔵庫から出して室温にする。

　　　　　　・クリームチーズは室温にする。

　　　　　　・バターとピーナッツバターは冷蔵庫から出してやわらかくする。

　　　　　　・型の底のみオイル少々（分量外）をぬって
　　　　　　　オーブンシートを敷く（p. 9 参照）。　→　

焼き時間　▶　160℃で約 50 分

01

インスタントコーヒーは分量の湯を加えて溶かす。

02

ここでオーブンを160℃に予熱

よく混ぜ合わせる texture

ボウルに1と分量の水を入れて混ぜ、卵、オイル、牛乳を加えて泡立て器でよく混ぜ、グラニュー糖を加えて混ぜる。

03

別のボウルにザルをのせ、強力粉、薄力粉、ココアパウダー、重曹、ベーキングパウダー、塩を入れてふるう。

04

3をザルに入れ、さらにふるいながら2のボウルに入れる。2回ふるうことでキメが細かくなる。

05

泡立て器でよく混ぜ合わせる。

texture

なめらかになるまで

06

型に流し入れ、型をとんとんと落として空気を抜く。

07

表面をならす。天板にのせ、160℃のオーブンで約50分焼く。

08

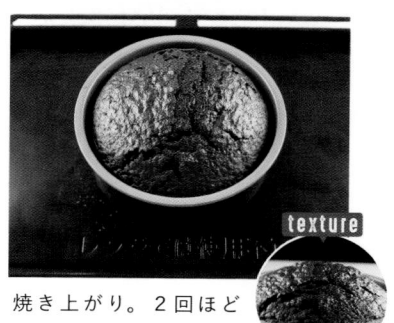

焼き上がり。2回ほど15cmくらいの高さから落として蒸気を抜く。

texture

トップがふんわり

09

しっかり冷まし、側面にパレットナイフなどを入れて生地をはがす。

しっかりと
した感じ
texture

10

トップの盛り上がりを切り落とし、上面を平らにする。切り落とした部分はこのレシピでは使わない。

11

同じ厚さになるように、3枚に切る。

12

フロスティングを作る。ボウルにクリームチーズを入れてハンドミキサーで混ぜ、ピーナッツバターを加えて混ぜる。

13

バター、バニラエッセンスを加えてよく混ぜる。

少しなめらかに

14

粉糖を入れてさらによく混ぜ、最後にゴムベラでならす。フロスティングの完成。

ペースト状に

15

スポンジ1枚にフロスティングを適量のせ、パレットナイフで広げ、さらにスポンジ、フロスティングの順に重ねる。

16

3段重ねにし、上面にゴムベラなどで模様をつけ、ココアパウダー（ノンウェット）をふり、ビスケット、ライム、ローズマリーを飾る。

パルメザンチーズが隠し味、
いつ食べても飽きない

* * *

クリーミーチーズパウンドケーキ

クリームチーズを入れて焼き上げた
しっとりとした食感のパウンドケーキです。
材料も作り方もシンプルだから、チーズの風味と香ばしさが
ストレートに味わえるのが魅力。
時間がたってもやわらかく、時間をおくとおいしさが増します。
しっかりホイップして乳化させることがポイントです。

材料／21 × 9 ×高さ8cm のパウンド型1台分

薄力粉	150 g	レモンオイル（あれば）	5 滴
ベーキングパウダー	4 g	卵（L サイズ）	1 個
バター（食塩不使用）	150 g	卵黄（L サイズ）	1 個分
グラニュー糖	130 g	レモンの搾り汁	5 ml
クリームチーズ	70 g	ラム酒	5 ml
パルメザンチーズ（すりおろし）	5 g		

準　備 ▶ ・クリームチーズは室温にする。
・バターは冷蔵庫から出してやわらかくする。
・型にオーブンシートを敷く（p. 9 参照）。
　バターをぬって薄力粉をはたいてもOK。

焼き時間 ▶ 160℃で 40 〜 50 分

01

薄力粉とベーキングパウダーは合わせてふるい、さらにもう1回ふるう。

02

白くもったり
するまで
texture

ボウルにバターを入れ、ハンドミキサーで空気を含ませるように混ぜる。

03

白くふわっと
するまで
texture

グラニュー糖を加えてしっかりと混ぜる。

04

クリームチーズ、パルメザンチーズ、レモンオイルを加える。

ここでオーブンを
160℃に予熱
05

ムラがないようにしっかりと混ぜ合わせる。

06

卵と卵黄を合わせて溶きほぐし、5回くらいに分けて加える。

07

乳化したらOK
texture

その都度よく混ぜてしっかりと乳化させる。

08

1のふるっておいた粉類を加え、ゴムベラで切るように混ぜていく。

09

粉が見えなくなってしっとりするまで、底から返すようにさっくりと混ぜる。練らない。

10

レモンの搾り汁とラム酒を混ぜ合わせ、加える。

11

ゴムベラで底から返すようにして混ぜ合わせる。

12

型に入れる。

13

中央をすり鉢状に凹ませ、天板にのせ、160℃のオーブンで40〜50分焼く。さわって弾力が出るまで。

14

10cmくらいの高さから落として熱い空気を抜き、型から出してオーブンシートを敷いた網におく。

15

熱いうちにラップにぴったり包んで横に寝かせ、冷ます。1日おいて落ち着かせる。

　味わいリッチなチーズケーキ

ふんわり食感が魅力。
覚えたいコツがいっぱい

* * *

スフレチーズケーキ

家庭用オーブンでは焼いている段階で割れやすいスフレを
いかにきれいに焼き上げるか、試行錯誤を繰り返しました。
オーブンによって温度設定がまったく変わってくるので
基本的にはお手持ちのオーブンとの対話になります。
ここでは石窯ドーム（p. 7 参照）を使っています。
温度管理なしでも割れにくいレシピを紹介します。
割れない工夫として型の準備も大事です。

材料／直径 15cm の丸型（底取タイプ）1 台分

クリームチーズ	150 g	コーンスターチ	10 g
グラニュー糖	10 g	＜メレンゲ＞	
はちみつ	15 g	卵白（L サイズ）	3 個分
牛乳	30ml	グラニュー糖	40 g
生クリーム（乳脂肪分 40% 以上）	30ml	ラムレーズン（p.103 参照）	適量
オイル	10 g	オイルスプレー（カーレックススプレー）	適量
卵黄（L サイズ）	3 個分	＜仕上げ用＞	
レモンの搾り汁	7 ml	アプリコットジャム	30 g
薄力粉	20 g	水	10ml

準　備　▶・卵白は使う直前まで冷蔵庫に入れておく。

・レーズンは汁気をきる。

・型の準備をする。型にオーブンシートを敷く（型より少し上にはみ出るくらい）。
ぴったり敷きたいので、オイルスプレー（カーレックススプレー）を吹きかけて
貼りつける。そのあと、アルミホイルで型をぴったりと覆い、
オーブンシートの表面にやわらかくしたバター 15 g（分量外）を
ハケでぬる。

焼き時間　▶ 150℃で 35 〜 40 分

01

焼く状態をセット。バットにハンドタオルを敷いて型をおき、天板は2枚重ねる。型にラムレーズンを並べる。

02

クリームチーズを耐熱ボウルに入れて電子レンジ（500W）で約30秒加熱してやわらかくし、ゴムベラで練る。

03

グラニュー糖とはちみつを加え、なめらかになるまで練る。

04

耐熱容器に牛乳と生クリームを合わせて電子レンジ（500W）で約30秒温める。

05

3のボウルに20mlずつ加え、その都度混ぜてなめらかにする。

06

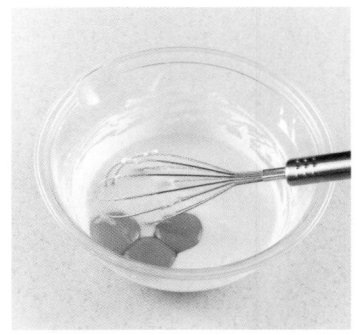

なめらかになったらオイルと卵黄、レモンの搾り汁を加え、再びなめらかになるまで混ぜる。

ダマにならないように
texture

07

ここでオーブンを
150℃に予熱

薄力粉とコーンスターチを入れ、なめらかになるまで混ぜたあと、50回ほど混ぜる。

08

メレンゲを作る。ボウルに卵白とグラニュー糖を入れ、ハンドミキサー（低速）でゆっくりと泡立てる。

09

メレンゲは泡立てすぎず、ツヤが出て、ボウルを揺すっても滑らず、角がおじぎをする程度。

10

7のチーズ生地にメレンゲの⅓量を入れ、ゴムベラで底からすくい上げるようにして混ぜる。

11

メレンゲのボウルに 10 を戻し入れ、なめらかになるまで底からすくい上げて混ぜる。グルグル混ぜない。

12

メレンゲが全体になじんで、すくって落とすとゆるいリボン状になるまで混ぜる。弾力はあるけれど生地の跡は残らない。

13

1の型に流し入れ、ナイフなどで気泡を切る。M字を書くように3回〜5回。

14

バットにぬるま湯を 2cm 深さまで注ぎ入れる。

15

オーブンに入れる直前にオイルスプレーを生地の表面全体に吹きかける（必須）。

16

150℃のオーブンで 35〜40分焼く。オーブンにより調整する。そのまま庫内に 10 分入れておき、取り出す。

17

温かいうちに瓶などで下から押し上げて型から抜き、器に移す。粗熱が取れたら冷蔵庫に入れる。

18

アプリコットジャムと分量の水を混ぜ、電子レンジで約 15 秒温めてなめらかにし、冷えたケーキの表面にそっとぬってツヤを出す。

ホールで作るチーズケーキはみんなで食べる幸せな味

　チーズケーキは初心者でも手軽にホールケーキが作れるのでおすすめです。大きなホールケーキを作るワクワク感は特別で、私も中学生の頃、はじめてホールのレアチーズケーキを作ったときのうれしさは忘れられません。当時は型を持っていなかったので、浅い器にクッキー生地を敷き詰めてレアチーズ生地を流し、冷蔵庫で冷やしかためて。そのままラップをして、中学校に持っていったのをよく覚えています。ドキドキしながら出したチーズケーキは普段おしゃべりしないクラスの子たちも食べてくれて、本当に楽しい昼休み（いや、朝のうちに食べたかな）になりました。

　また、忘れられないのが長女を出産する

ときの話。予定日より2週間遅れていたし、生まれる気配もなかったので、張りきって朝からベイクドチーズケーキとレアチーズケーキを2台焼いて冷やしていたんです。でもあれよあれよという間に産気づいて、仕方なく病院にチーズケーキ2台を持ち込みました。そのまま放置して味が落ちたら嫌だと思ったのでしょう。が、その後もなかなか生まれず、陣中見舞いに来てくださる方にひょいひょいと切って振る舞いました。もちろん夫も食べていました。私にとってチーズケーキはますます身近なものになりました。ホールで作るチーズケーキには幸せ感があります。

Part 3

How to make delish Cheese Cake

* * *

上 級 編

チョコチーズクリーム生地とチーズ生クリーム、
ラムレーズンチーズ生地とラムバタークリームなど、
ふたつ以上のアイテムを組み合わせて仕上げる
とっておきのチーズケーキを紹介。
シュー生地やスポンジを使ったものも！
上級のチーズケーキであっても
なるべく失敗したくないから、ここでは
ていねいに手順を紹介していきます。
エプロンの紐をキュッと縛って、ちょっぴり腕まくり。
回数を重ねれば、必ずマスターできます。

RECIPE 18

味わいの違う2層のクリームで、おいしさ倍増

* * *

バナナチーズチョコタルト

p.48 のクリームチーズタルトのクリームと
タルト台をチョコ味にして、
ふわっと軽いチーズ生クリームをぽってりのせた
ちょっと特別なバナナタルトです。
チョコレートが入ることで、
チーズクリームがさっぱりして食べやすくなります。
たっぷりバナナを入れて、カットした断面もお楽しみ！

材料／直径 15cm のタルト型（底取タイプ）1台分

＜チョコタルト台＞	
薄力粉 …… 80 g	粉糖 …… 20 g
ココアパウダー …… 8 g	生クリーム（乳脂肪分 40％以上）…… 50ml
粉糖 …… 40 g	レモンの搾り汁 …… 5 ml
オイル …… 30 g	バナナ …… 2〜3本
溶き卵 …… 15 g	**＜チーズ生クリーム＞**
ホワイトチョコレート …… 30 g	クリームチーズ …… 50 g
コーンフレーク（チョコ味）…… 30 g	粉糖 …… 30 g
＜チョコチーズクリーム生地＞	生クリーム（乳脂肪分 40％以上）…… 100ml
クリームチーズ …… 100 g	洋酒（ブランデーまたはラム酒）…… 5 ml
ダークチョコレート …… 50 g	ココアパウダー（ノンウェット）…… 適量

準 備 ▶ ・クリームチーズは室温にする。
・チョコチーズクリーム生地に使う生クリーム 50ml は
　冷蔵庫から出してクリームチーズと同じくらいの温度にする。
　チーズ生クリーム用の生クリームは使う直前まで冷やす。
・型にオイルスプレー（カーレックススプレー）を吹きかける。
　バターをぬって薄力粉をはたいてもＯＫ。

焼き時間 ▶ 170℃で約 25 分

01

チョコタルト台を作る。ビニール袋に薄力粉、ココアパウダー、粉糖を入れてよくふって混ぜる。

02

そぼろ状になるまで **texture**

オイルを加えてさらによくふり、そぼろ状になったらボウルにあける。

03

練らないようにする **texture**

溶き卵を加え、カードなどで切るようにして混ぜる。

04 ＼ここでオーブンを／ 170℃に予熱

まとまってきたら、練らずに押しまとめ、オーブンシートの上におく。

05

大きめに切ったラップをのせ、めん棒で丸く薄くのばし、型よりひとまわり大きくする。

06

ひっくり返してオーブンシートをはがし、ラップ面を上にして型に敷き込む。ラップは取り除く。

07

型からはみ出たタルト生地は、めん棒を型の上で転がして押し切る。

08

底面だけでなく、側面も指でしっかり押して型にくっつける。

texture
側面もしっかり押さえる

09

フォークで空気を抜く穴を全体にあける。

texture
側面にもあける

10

敷き込み完了。天板にのせ、170℃
のオーブンで約 25 分焼く。

11

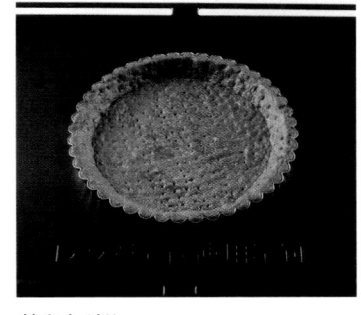

焼き上がり。

12

冷めたらグラスや瓶などで下から押
し上げ、型から抜く。

13

ホワイトチョコレートを小さく切っ
てボウルに入れ、湯せんで溶かし、
コーンフレークを加えて混ぜる。

14

タルト台に 13 を入れて広げ、使う
まで冷蔵庫で冷やしておく。

15

チョコチーズクリーム生地を作る。
チョコレートを小さく切ってボウル
に入れ、湯せんで溶かす。

16

別のボウルにクリームチーズを入れ
てゴムベラで練り、粉糖を加える。

17

なめらかになるまで練
り混ぜる。

**ムラがない
ように**

18

溶かしたチョコレート
を加えてよく混ぜる。

**ゴムベラで
しっかりと**

なじませる
ように
texture

19

生クリームを3回に分けて加える。まずは1回目、⅓量ほどを加えて泡立て器で混ぜる。

なめらかに
していく
texture

20

2回目の生クリームを混ぜる。½量ほど加えてさらに混ぜる。

ふんわりと
したらOK
texture

21

残りの生クリームを加えて混ぜ、最後にレモンの搾り汁を加えて混ぜてでき上がり。

22

14のタルト台に21のチョコチーズクリーム生地を流し入れて広げる。

23

ゴムベラでやさしくならす。

24

バナナを輪切りにして少しずつずらしながらのせ、冷蔵庫で冷やす。

なめらかにする
texture

25

チーズ生クリームを作る。ボウルにクリームチーズを入れてほぐし、粉糖20gを加えて混ぜ、洋酒を入れて混ぜる。

26

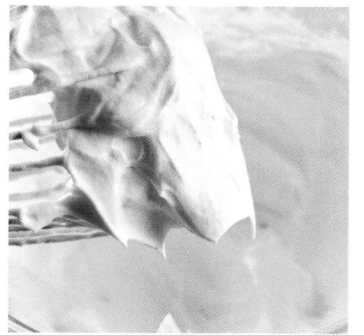

別のボウルに冷えた生クリームと粉糖10gを入れて泡立て器で9分立て（角がしっかり立つくらい）にする。

27

25のボウルに加え、泡立て器でやさしく混ぜる。

28

ふわっと仕上げる。

29

冷やしておいた 24 のタルトの上に
チーズ生クリームをのせ、パレット
ナイフなどでならす。

30

こんもりと盛る。

31

ココアパウダー（ノンウェット）を
茶漉しなどでふるいながら全体にか
ける。

32

texture

ぐるりと
1周

ケーキの縁をスプーンで
上から下に削ぐように
し、模様をつける。

チーズムースとマンゴープリンの、
ちょっと贅沢な味わい

* * *

マンゴーレアチーズケーキ

冷凍マンゴーで作るマンゴーのホールケーキです。
マスカルポーネチーズをベースにした
軽い口当たりのマンゴーチーズムースに
手作りのマンゴープリンを重ね、
マンゴーソースとマンゴーの果実を飾ります。
食感の違う生地を一緒にいただくのが醍醐味です。

材料／直径 15cm の丸型（底取タイプ）1 台分

＜ボトム＞

ビスケット	80 g
バター（食塩不使用）	40 g

＜マンゴーチーズムース生地＞

マスカルポーネチーズ	100 g
グラニュー糖	40 g
マンゴーソース（p.11 参照）	100 g
レモンの搾り汁	5 ml
生クリーム（乳脂肪分 40% 以上）	100ml
粉ゼラチン	4 g
水	30ml

＜マンゴープリン生地＞

冷凍マンゴー	120 g

練乳	30 g
レモンの搾り汁	5 ml
マンゴーソース（p.11 参照）	30 g
牛乳	150ml
粉ゼラチン	5 g
水	30ml

＜仕上げ用＞

マンゴーソース（p.11 参照）	50 g
粉ゼラチン	1 g
水	10ml
生クリーム（乳脂肪分 40% 以上）	少々
冷凍マンゴー	100 g
タイム（あれば）	少々

準　備 ▶ ・マスカルポーネチーズは室温にする。

・冷凍マンゴーは解凍し、ペーパータオルの上において水気を拭く。
　プリン用は室温にし、仕上げ用のマンゴーは冷蔵庫で冷やしておく。

・マンゴーソースは室温にする。

・生クリーム、牛乳は冷蔵庫から出して室温にする。

・<u>型にオイル少々（分量外）をぬって</u>
　<u>オーブンシートを敷く（p. 9 参照）。</u>　——————→

01

ボトムを作る。フードプロセッサーにビスケットを入れて撹拌し、砕いてサラサラの状態にする。

しっとりとした感じ
texture

02

バターを耐熱容器に入れ、電子レンジ（500W）で約30秒加熱して溶かし、1に加えてさらに撹拌して混ぜ合わせる。

03

2のボトムを型に入れ、グラスの底などで押してきれいに広げ、しっかり押しかためる。

04

マンゴーチーズムース生地を作る。耐熱容器に分量の水を入れ、粉ゼラチンをふり入れて軽く混ぜ、ふやかす。

05

ボウルにマスカルポーネチーズを入れ、グラニュー糖30ｇを加えて泡立て器でなめらかになるまで混ぜる。

06

マンゴーソースとレモンの搾り汁を加えて混ぜる。

texture
ムラがないように

07

生クリームにグラニュー糖10ｇを加えて8分立て（泡立て器にぽってりとつく程度）にする。

08

4のゼラチンを電子レンジ（500W）で約20秒、沸騰させないように加熱して溶かす。

09

一気に6に加えてすぐ混ぜる。

texture
泡立て器で手早く

さっくりと
合わせる
texture

10

7の生クリームを加え、ゴムベラに持ち替えて返すようにして合わせる。

11

型に流し入れ、型を揺すってならす。

12

この状態で、10分ほど冷凍庫に入れて表面をかためる。

13

マンゴープリン生地を作る。耐熱容器に分量の水を入れ、粉ゼラチンをふり入れて軽く混ぜ、ふやかす。

14

縦長の容器に解凍しておいたマンゴー、練乳、レモンの搾り汁を入れる。

15

ハンディブレンダーで撹拌してピュレ状にする。フードプロセッサーを使ってもOK。

16

ボウルにあけ、人肌に温めた（35℃くらい）牛乳とマンゴーソースを加えて泡立て器でよく混ぜる。

17

13のゼラチンを電子レンジ（500W）で約20秒、沸騰させないように加熱して溶かす。

18

16に一気に加えて泡立て器ですぐ混ぜる。

19

熱伝導のよいボウルに移し替え、ボウルの底を氷水に当て、混ぜながら冷やす。少しとろみがついたらOK。

20

表面がかたまった12のムースの上に流し、表面がかたまるまで冷凍庫で10分ほど冷やす。

21

ケーキを仕上げる。耐熱容器に分量の水を入れ、粉ゼラチンをふり入れて軽く混ぜ、ふやかす。

22

ふやかしたゼラチンを電子レンジ（500W）で約20秒、沸騰させないように加熱して溶かす。

23

小さな容器にマンゴーソースを入れ、溶かしたゼラチンを一気に加えて混ぜる。

24

表面がかたまったマンゴープリンの上に流し入れ、広げてならす。

25

マンゴーソースがかたまらないうちに、生クリームを少しずつ丸く落とす。

26

楊枝や竹串で線を引いてハートの形にする。

27

解凍しておいたマンゴーをのせ、冷蔵庫で6時間以上しっかり冷やす。

28

29

型から抜くときは、温めたタオルな
どを巻いて側面をゆるめる。

瓶などで押し上げて型から抜き、タ
イムを飾る。

　味わいリッチなチーズケーキ

ちょっと贅沢な生地と
ラムバタークリームが絶品

* * *

ラムレーズンスパイス
チーズケーキ

自家製ラムレーズンとラム酒、
オールスパイスが効いた、大人のチーズケーキです。
口溶けよく焼き上げたチーズケーキはきび砂糖を使用。
トップにはラムバタークリームとラムレーズンをのせて
どこを食べても深い味わいに仕上げます。
ラムバタークリームは、カスタードソースを使って簡単に。

材料／直径 15cm の丸型（底取タイプ）1 台分

<ボトム>
ビスケット ················· 70 g
バター（食塩不使用）··········· 40 g

<ラムレーズンチーズ生地>
クリームチーズ ·············· 200 g
きび砂糖 ··················· 100 g
プレーンヨーグルト ··········· 200 g
オイル ····················· 10 g
バニラオイル ················ 5 滴
卵黄 ······················· 2 個分
ラム酒 ····················· 10ml

オールスパイス ·············· 5 ふりくらい
自家製ラムレーズン（p.103 参照）50 g

<ラムバタークリーム>
バター（食塩不使用）·········· 80 g
グラニュー糖 ················ 30 g
カスタードソース（p.10 参照）··· 30 g
ラム酒 ····················· 5 ml

<仕上げ用>
自家製ラムレーズン（p.103 参照）20 g
シナモンシュガー ············ 適量

準　備　▶ ・クリームチーズは室温にする。
　　　　　・ヨーグルトはペーパータオルを敷いたザルに入れ、下にボウルをおき、
　　　　　　半分の重量になるまで水きりする（100 g）。
　　　　　・ラムレーズンは汁気をきる。
　　　　　・<u>型にオイル少々（分量外）をぬって</u>
　　　　　　<u>オーブンシートを敷く（p. 9 参照）。</u>　⟶　

焼き時間　▶　180℃で約 40 分

01

しっかり回
して粉々に
texture

フードプロセッサーにビスケットを
入れて撹拌し、細かくする。

02

バターを耐熱容器に入れ、電子レン
ジ（500W）で約30秒加熱して溶か
し、1に加え、さらに撹拌する。

03

しっとりとした感じになったら、型
に入れる。

ここでオーブンを
180℃に予熱

04

しっかりと押
して平らに
texture

グラスや瓶などの底で押してきれい
に広げ、しっかりと敷き詰める。こ
れでボトムの完成。

05

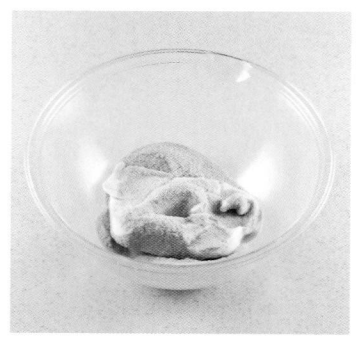

ラムレーズンチーズ生地を作る。ボ
ウルにクリームチーズを入れて少し
練り、きび砂糖を加える。

06

ハンドミキサーでなめらかになるま
で混ぜる。

07

水きりヨーグルト、オイル、バニラオ
イルを加える。

08

さらによく混ぜてなめらかにする。

09

卵黄を1個ずつ加え、
その都度よく混ぜる。

texture

ムラがない
ように

10

生地に入れるオールスパイス。シナモン、クローブ、ナツメグをミックスしたような深みのある香りが特徴。

11

texture

**よく混ぜて
なじませる**

ラム酒とオールスパイスを入れてよく混ぜる。

12

ザルで漉し、キメの細かい生地にする。

13

texture

**とろり、
なめらか**

ゴムベラで底からやさしく混ぜて、空気を抜く。

14

texture

**ラムレーズンは
汁気をきって**

4のボトムにラムレーズンを並べる。全体に散らすような感じで。

15

上からラムレーズンチーズ生地をゆっくり流し入れる。

16

この状態で天板にのせ、オーブンへ入れる。180℃のオーブンで約40分焼く。

17

焼き上がり。冷めたら、冷蔵庫で3時間以上冷やす。

18

ラムバタークリームを作る。カスタードソースは室温にする。

19

このくらいの
やわらかさ
texture

ボウルにバターを入れ、押したら凹むくらいのやわらかさにし、ゴムベラで練る。

20

ぼってりと
する感じ
texture

グラニュー糖を加え、泡立て器で白くなるまで混ぜる。

21

カスタードソースを加えてよく混ぜる。

22

ムラなく
混ぜる
texture

最後にラム酒を加えて混ぜ合わせる。

23

ラムバタークリームのでき上がり。

24

17のケーキを冷蔵庫から出し、グラスや瓶などで下から押し上げて型抜きし、器に移す。

25

ラムバタークリームをのせ、その上に汁気をよくきったラムレーズンをのせる。

26

パレットナイフなどで軽く混ぜながら全体に広げ、最後にペタペタと模様をつける。

27

シナモンシュガーを茶漉しなどに入れて軽くふりかける。

自家製ラムレーズンの作り方

常備しておくと便利なのがラムレーズン。ここで使ったようにチーズ生地に混ぜたりバタークリームと合わせるほか、バターと混ぜてパンにぬったりアイスクリームのトッピングにも。作った翌日から使え、保存瓶に入れて冷蔵庫で1年ほど保存可能です。レーズンはカリフォルニアレーズンとサルタナレーズンを半々にするとさらにおいしくなります。

材料 作りやすい分量（170ml容量の保存瓶1個分）

レーズン（カリフォルニアレーズン、
　サルタナレーズン）⋯⋯⋯⋯⋯⋯ 合わせて100g
グラニュー糖⋯⋯⋯⋯⋯⋯⋯⋯⋯⋯⋯⋯ 40g
シナモンパウダー（あれば）⋯⋯⋯⋯ 少々
ラム酒 ⋯⋯⋯⋯⋯⋯⋯⋯⋯⋯⋯⋯⋯⋯ ひたひた

1

耐熱容器にレーズンを入れて熱湯（分量外）を注ぐ。

2

3分ほど待つ。

3

ザルにあけ、湯をしっかりときる。

4

容器に入れ、グラニュー糖とシナモンパウダーを加えてよく混ぜる。

5

グラニュー糖がなじむまでおく。

6

保存容器に移し、ラム酒をひたひたに注ぎ、ふたを閉めて冷蔵庫で保存。

キャラメルを利かせた、コクと深みのある味わい

* * *

りんごとかぼちゃの キャラメルチーズケーキ

りんごのシナモン煮とかぼちゃペースト、
キャラメルソースとチーズを取り合わせた
秋におすすめのチーズケーキです。
それぞれの香りや香ばしさ、うまみが一緒になったときの
おいしさを考えて、ちょうどよい配合にしました。
そのハーモニーをお楽しみください。

材料／直径 15cm の丸型（底取タイプ）1 台分

＜かぼちゃペースト（作りやすい分量）＞
　かぼちゃ（皮むき種なし）……… 200 g
　白ワイン ……………………………… 10ml
　グラニュー糖 ……………………… 20 g

＜りんごのシナモン煮（作りやすい分量）＞
　りんご（皮をむいて芯を除いたもの）… 200 g
　グラニュー糖 ……………………… 15 g
　シナモンパウダー ……………… 0.5 g
　コーンスターチ …………………… 5 g
　白ワイン ……………………………… 15ml
　レモンの搾り汁 …………………… 5 ml

＜キャラメルソース（作りやすい分量）＞
　生クリーム（乳脂肪分 40% 以上）… 150ml
　グラニュー糖 ……………………… 80 g
　水 …………………………………… 15ml

　クリームチーズ …………………… 150 g
　卵（L サイズ）……………………… 1 個
　卵黄（L サイズ）………………… 1 個分
　水あめ ……………………………… 20 g
　コーンスターチ …………………… 15 g

＜ボトム＞
　オレオクッキー（バニラクリーム）… 80 g
　バター（食塩不使用）…………… 25 g

＜仕上げ用りんごのキャラメリゼ＞
　グラニュー糖 ……………………… 50 g
　水 …………………………………… 20ml
　りんご（1.5 〜 2cm 角に切ったもの）… 200 g
　シナモンシュガー ……………… 少々
　パンプキンシード ……………… 少々
　アーモンドクランチ …………… 少々

準　備　▶・クリームチーズは室温にする。
　　　　　・型にオイル少々（分量外）をぬって
　　　　　　オーブンシートを敷く（p. 9 参照）。　──→　

焼き時間　▶　160℃で約 40 分

01

かぼちゃペーストを作る。かぼちゃは耐熱容器に入れて白ワインをふり、軽くラップをして電子レンジ（500W）で約6分加熱。

02

やわらかくなったら小さいすり鉢やボウルに移す。

03

なめらかにする
texture

熱いうちにグラニュー糖を加え、めん棒やすりこ木でつぶしながら混ぜる。

04

texture

さらになめらかに

漉し器でていねいに漉し、冷ます。150gを使うので量っておく。

05

りんごのシナモン煮を作る。りんごは1.5〜2cm角に切り、耐熱容器に入れる。

06

グラニュー糖、シナモンパウダー、コーンスターチ、白ワイン、レモンの搾り汁を混ぜ合わせる。

07

りんごがつややか
texture

6をりんごにかけて混ぜ、ラップをして電子レンジ（500W）で約4分加熱。取り出して混ぜる。

08

キャラメルソースを作る。生クリームは40℃くらいに温めておく。鍋にグラニュー糖と分量の水を入れて中火にかける。

09

グラニュー糖が溶けたら、弱めの強火にし、鍋を揺すりながら熱して色をつけていく。

10

しっかり焦げてカラメル色になった
ら火からおろす。

11

8の生クリームを手早く加えながら
泡立て器で混ぜる。

12

よく混ぜてなめらかになったら
OK。

13

耐熱容器などに移して冷ます。180ml
を使うので量っておく。

14

ボトムを作る。フードプロセッサー
にクッキーを入れる。

15

撹拌して粉々にする。

16

バターを耐熱容器に入れ、電子レン
ジ（500W）で約30秒加熱して溶
かす。

17

溶かしたバターを15に加え、さら
に撹拌して混ぜ合わせ、型に入れる。

18　ここでオーブンを
160℃に予熱

グラスの底などで押してきれいに広
げ、しっかりと押しかためる。

なめらかに
なるまで
texture

19

クリームチーズとかぼちゃペースト
150 g をボウルに入れ、ゴムベラで
練る。

20

キャラメルソース 180ml を 3 回に
分けて加え、その都度泡立て器で混
ぜる。

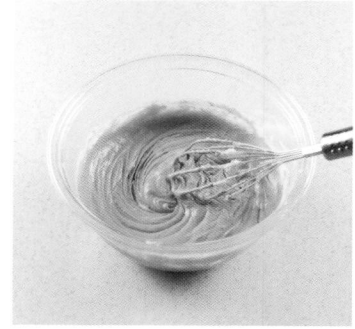

21

3 回目を入れたら、さらによく混ぜ
てなめらかにする。

22

卵と卵黄を加えて混ぜ合わせる。

23

コーンスターチを加えてムラなく混
ぜる。

24

水あめを加えてよく混ぜる。

25

りんごのシナモン煮 150 g を加える。

26

ゴムベラで混ぜて生地のでき上が
り。18 の型に流し入れ、型をアル
ミホイルで覆ってバットにのせる。

27

バットごと天板にのせ、バットに
約 40℃の湯を 2 cm 深さまで張り、
160℃のオーブンで約 40 分焼く。

28

焼き上がったら15分ほどそのまま庫内に入れておき、冷めたら冷蔵庫で冷やす。

29

仕上げ用りんごのキャラメリゼを作る。小さいフライパンにグラニュー糖と分量の水を入れて中火にかける。

30

グラニュー糖が溶けたら、弱めの強火にし、鍋を揺すりながら熱してカラメル色にする。

31

りんごを加え、色がついてしっとりするまで、3分ほど鍋を揺すりながら絡める。

32

ペーパータオルなどの上で冷ます。

33

ケーキが冷めたらグラスや瓶などで下から押し上げて型抜きし、器に移す。

34

りんごのキャラメリゼをのせ、パンプキンシードやアーモンドクランチを散らし、シナモンシュガーをふる。

2つのクリームで楽しむ、
華やかなシューのお菓子

* * *

マロンとチーズの
濃厚パリブレスト

パリッと焼いたシューに、チーズカスタードと栗の渋皮煮、
マロンチーズクリームをはさんだ、濃厚なパリブレストです。
チーズはマスカルポーネチーズを使うので
チーズ感はあまりなく、ミルキーなクリームになっています。
シューを使ったパリブレストは
スポンジのように前日に焼く必要がないので、
時間がないときのお誕生日ケーキなどによく登場します。

材料／直径18cmのもの1台分

シュー
（焼いたもの。p.114参照） ┄┄┄┄ 1台
＜チーズカスタード＞
　マスカルポーネチーズ ┄┄┄┄┄ 150g
　練乳 ┄┄┄┄┄┄┄┄┄┄┄┄┄ 10g
　カスタードソース（p.10参照） ┄┄ 150g
＜マロンチーズクリーム＞
　マロンペースト（サバトン） ┄┄┄ 240g
　マスカルポーネチーズ ┄┄┄┄┄┄ 60g
　生クリーム
　（乳脂肪分40%以上） ┄┄┄┄┄ 50ml

ラム酒 ┄┄┄┄┄┄┄┄┄┄┄┄┄ 5ml
栗の渋皮煮 ┄┄┄┄┄┄┄┄┄ 8粒くらい
＜仕上げ用＞
　アプリコットジャム ┄┄┄┄┄┄ 30g
　ピスタチオ（刻んだもの） ┄┄┄ 少々
　ドライストロベリー
　（刻んだもの） ┄┄┄┄┄┄┄┄ 少々
　カカオニブ ┄┄┄┄┄┄┄┄┄┄ 少々
　栗の渋皮煮 ┄┄┄┄┄┄┄┄┄ 2〜3粒
　粉糖（ノンウェット） ┄┄┄┄┄ 適量

準　備　▶　・マスカルポーネチーズは室温にする。
　　　　　　・カスタードソースは室温にする。
　　　　　　・マロンチーズクリームを絞る口金は大きめの口金（好みのもの）を用意。

01

焼いたシュー（p.115 参照）を横半分に切る。

02

チーズカスタードを作る。ボウルにマスカルポーネチーズを入れ、練乳を加える。

03

ゴムベラで混ぜてなめらかにする。

04

カスタードソースを加える。

05

泡立て器でなめらかになるまで混ぜ、使うまで冷蔵庫に入れておく。

06

マロンチーズクリームを作る。ここで使うマロンペーストは、マロンをペースト状にし、バニラ、砂糖を加えたもの。

07

ボウルにマロンペーストを入れ、マスカルポーネチーズを加える。

08

ゴムベラでなめらかになるまで、よく混ぜ合わせる。

texture

しっかり練り混ぜる

09

生クリームを 10ml ずつ加え、その都度よく混ぜていく。

10

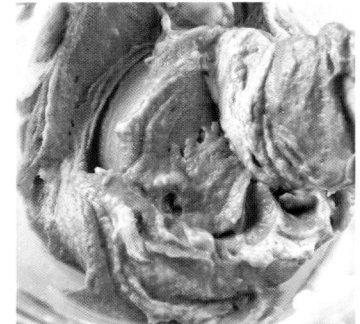

よく練り混ぜてなめらかにする。

11

ラム酒を加えて混ぜる。

12

マロンチーズクリームのでき上が
り。

13

栗の渋皮煮はペーパータオルの上に
のせて汁気をきる。

14

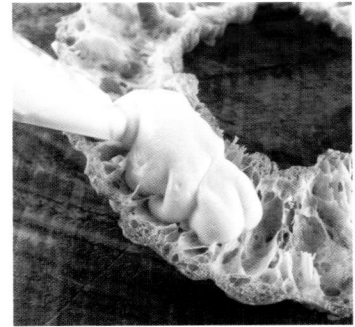

仕上げる。チーズカスタードを絞り
出し袋に入れ、1のシューの下側の
切り口に絞り入れる。

15

シューの大きなヒダは取り除き、リ
ング形に。

16

栗の渋皮煮を間隔をあけて入れる。

17

マロンチーズクリームを口金をつけ
た絞り出し袋に入れ、栗と栗の間や
隙間に、写真のように絞り出す。

18

シューの上側をのせ、元のシューの
形に戻す。

19

アプリコットジャムは電子レンジ（500W）で温める。色の違う飾りも用意。栗の渋皮煮は粗く切る。

20

上面にアプリコットジャムをぬり、栗の渋皮煮と飾りを散らす。粉糖（ノンウェット）を茶漉しに入れてふる。

シューの作り方

パリブレストの生地はシュー生地。ここではパリブレスト用に大きなリング状に絞り出して焼きましたが、丸形口金をつけた絞り出し袋に入れて直径4cm程度に絞り出して焼けば、シュークリーム用のシューになります。シュー生地は思いのほか簡単なので、作り方をぜひマスターして、いろいろなクリームやフルーツをはさんで楽しんでください。

材料／直径18cmのもの1台分（パリブレスト用）

薄力粉	40 g
強力粉	30 g
バター（食塩不使用）	60 g
塩	0.5 g
水	125ml
溶き卵	100 gくらい（生地を見て判断）
ワッフルシュガー	適量

準　備　▶　・バターは冷蔵庫から出して室温にする。溶き卵も室温にする。
　　　　　　・薄力粉と強力粉は合わせてふるう。
　　　　　　・絞り出し袋に口金をつけてコップなどに開いてセットしておく。今回使用した口金はmapol No.195 菊15切。大きめのものなら何を使ってもOK。

焼き時間　▶　190℃で約40分→170℃で約20分

1

天板にオーブンシートを敷き、直径15cmの丸型の縁に薄力粉（分量外）をつけてスタンプして印をつける。オーブンを200℃に予熱。

2

バターを同じくらいの大きさに分けて鍋に入れ、塩、分量の水も入れて中火にかける。

3

鍋を揺すりながらバターを溶かし、細かい泡が出て沸騰したら火を止め、すぐにふるっておいた粉類を加える。

4

ゴムベラで混ぜてまとめる。

5

まとまったら再び中火にかけ、30秒ほど練る。生地に膜が張ったらボウルに移し、30秒ほど冷ます。

6

溶き卵の半量を加え、泡立て器でとんとんと切るように混ぜる。

7

なめらかになったらゴムベラに持ち替え、残りの溶き卵を少しずつ入れてその都度切るように混ぜ込む。

8

ゴムベラからポトンと落ちるようになったらストップ。よく言われる三角に落ちるより気持ちかために仕上げる。

9

生地はきれいに最後まで絞れるように少し多めにできる。口金をつけた絞り出し袋に入れる。

10

1でつけた15cmの印の内側にグルグルと絞り出し、霧吹きでたっぷり水（分量外）をかける。ハケでぬってもOK。

11

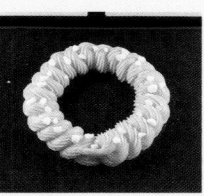

ワッフルシュガーをおく。オーブンの温度を190℃に下げ、約40分焼き、170℃に下げてさらに20分ほど焼く。

12

焼き上がり。冷めてからさわる。

115

いつものティラミスを
ワンランクアップして華やかに

* * *

ティラミスホールケーキ

///

p.26 のグラスティラミスの応用編。
丸型を使って作り、ホールケーキに仕立てます。
アクセントに桃を入れてフルーティーに。
桃は缶詰のものでも生の桃でも OK です。
ブランデー入りの生クリームで
大人っぽくデコレーションしました。

材料／直径 15cm の丸型（底取タイプ）1 台分

シートスポンジ（焼いたもの。p.120 参照）… 1 枚
桃（缶詰）————————————————— 130 g
＜ティラミス生地＞
　マスカルポーネチーズ ———————— 150 g
　練乳 —————————————————— 30 g
　カスタードソース（p.10 参照）———— 150 g
　生クリーム（乳脂肪分 40% 以上）—— 150ml
　グラニュー糖 ——————————————— 20 g
　粉ゼラチン ———————————————— 5 g
　水 ——————————————————— 20ml
＜コーヒーシロップ＞
　インスタントコーヒー（粉末）———— 5 g

　グラニュー糖または上白糖 —————— 8 g
　湯 ——————————————————— 25ml
　ブランデー ———————————————— 12ml
　水 ——————————————————— 25ml
＜仕上げ用クリーム＞
　生クリーム（乳脂肪分 40% 以上）——— 100ml
　グラニュー糖 ——————————————— 10 g
　ブランデー ———————————————— 3 ml
ココアパウダー（ノンウェット）———— 適量
タイム（あれば）——————————————— 適量

準　備 ▶ ・マスカルポーネチーズは室温にする。
　　　　　　・生クリームは使う直前まで冷やす。
　　　　　　・カスタードソースは室温にする。

01

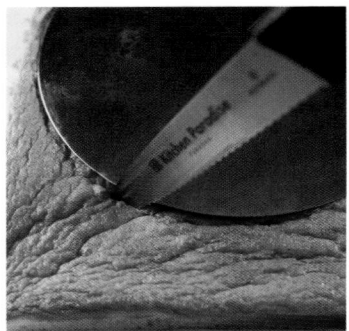

シートスポンジ（p.120 参照）を直径 15cm の丸型を使って抜く。15cm より 2mm ほど大きめに抜く。

02

抜いたシートスポンジ。残りの部分は使わないので、おやつなどに食べるとよい。

03

型に側面だけオーブンシートを貼りつけ、底にスポンジを敷く。

04

耐熱容器に分量の水を入れ、粉ゼラチンをふり入れて軽く混ぜ、ふやかす。

05

コーヒーシロップを作る。容器にインスタントコーヒー、グラニュー糖、分量の湯を入れて溶かし、ブランデーと分量の水を混ぜて冷やす。

06

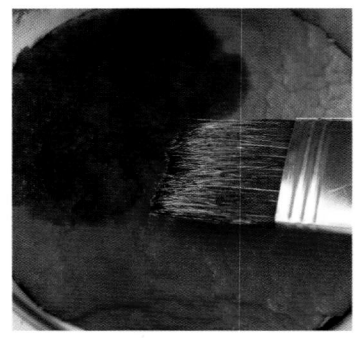

スポンジにコーヒーシロップをハケでぽんぽんとしみ込ませる。全体に色をつけるイメージ。シャバシャバにはしない。

07

桃を小さめのひと口大に切り、ペーパータオルの上にのせて汁気をきる。

08

桃をスポンジの上に並べる。

09

ティラミス生地を作る。ボウルにマスカルポーネチーズと練乳を入れてゴムベラで練る。

10

カスタードソースを加える。

11

泡立て器でよく混ぜてなめらかにする。

12

別のボウルに生クリームとグラニュー糖を入れ、泡立て器で8分立て（泡立て器にぽってりとつく程度）にする。

13

4のゼラチンを電子レンジ（500W）で約20秒、沸騰させないように様子を見ながら加熱して溶かす。

14

texture

泡立て器で
しっかりと

熱いうちに11に加え、すぐによく混ぜる。

15

12の生クリームを加えてゴムベラで混ぜ合わせる。

16

ふんわり、なめらかにする。これでティラミス生地のでき上がり。

17

ティラミス生地を絞り出し袋に入れ、桃の隙間を埋めるように絞り入れていく。

18

すべてを入れたら、型をとんとんと落として空気を抜き、表面をならし、冷蔵庫で6時間以上冷やしかためる。

19

かたまったら、温めたタオルやペーパータオルなどを巻いて側面を少し温める。

20

グラスや瓶などで下から押し上げて型から抜く。

21

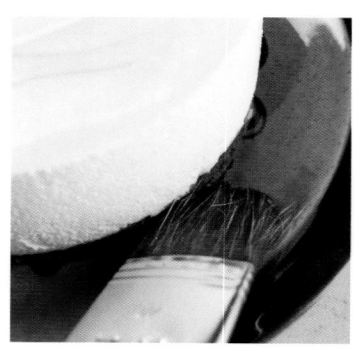

スポンジの側面にハケでコーヒーシロップをしみ込ませる。

シートスポンジの作り方

ホールケーキに使われる一般的なスポンジ生地を薄く焼いたものがシートスポンジ。この本では p.116 のティラミスホールケーキ、p.122 の Special レアチーズケーキのボトムとして使っています。平たい天板（ロールケーキ型）で 10 分焼くだけだから手軽。ロールケーキに使ったり、切り分けてチーズクリームやカスタードソースをのせて食べても。

材料／ 23 × 33cm のロールケーキ型 1 台分

卵（L サイズ）	3 個	はちみつ	15 g
薄力粉	60 g	オイル	8 g
グラニュー糖	50 g	牛乳	15ml

準　備 ▶ ・薄力粉はふるう。
焼き時間 ▶ 190℃で約 10 分

1

型に合わせてオーブンシートで型紙を作り、型に敷き込む。

2

ボウルにオイルと牛乳を入れ、湯せんにして温める（60℃くらいの湯）。保温しておく。

3

別のボウルに卵、グラニュー糖、はちみつを入れて混ぜ合わせ、湯せんにして人肌（35℃くらい）に温める。

4

ハンドミキサー（高速）でしっかり混ぜ、8 の字を書いて消えないくらいになるまで泡立てる。

22

ケーキの表面にもハケでコーヒーシ
ロップをぬって模様をつける。

23

泡立て器にぽっ
てりとつく程度
texture

仕上げ用生クリームにグラニュー糖
とブランデーを加えて8分立てにす
る。

24

口金（好みのもの）をつけた絞り出し
袋に入れて絞り出し、ココアパウダー
を茶漉しに入れてふり、タイムを飾る。

5

泡立て器に持ち替え、
底からすくうように混
ぜてなめらかに整える。
このあたりでオーブン
を190℃に予熱。

6

薄力粉を加え、泡立て
器で底からすくって中
央に落とすように粉を
混ぜ込む。グルグル混
ぜない。

7

オイルと牛乳を混ぜて
乳化させた2に、6の
生地のひとすくい分を
加えてよく混ぜ、さら
に乳化させる。

8

6のボウルに戻し入れ、
泡立て器で底からす
くって中央に落とすよ
うにし、ツヤが出るま
で混ぜ合わせる。

9

ゴムベラに持ち替え、
全体を整えるように底
から大きく返す。

10

1の型に少し高めの位
置から流し入れ、表面
をならし、とんとんと
落として空気を抜く。

11

この状態で190℃の
オーブンで約10分焼
く。

12

焼き上がり。冷めてか
らオーブンシートをは
がす。

味**つ**クリッ****ーズケーキ

イタリアンメレンゲを使った、
ふわっと軽い食べ心地が魅力

* * *

Special
レアチーズケーキ

イタリアンメレンゲを使ったレアチーズムースケーキです。
初級のレアチーズケーキより口当たりが軽いのが特徴で、
ヨーグルトを入れているのでさっぱりとしています。
イタリアンメレンゲに挑戦して、ぜひ作ってみてください。
生クリームを泡立てて作るムースとの違いを
味わっていただきたいと思います。

材料／直径 15cm の丸型（底取タイプ）1 台分

シートスポンジ	
（焼いたもの。p.120 参照）…… 1 枚	
＜シートスポンジ用シロップ＞	
水 ……………………………… 20ml	
白ワイン ……………………… 5 ml	
はちみつ ……………………… 10 g	
＜チーズ生地＞	
クリームチーズ ……………… 100 g	
グラニュー糖 ………………… 30 g	
カスタードソース（p.10 参照）30 g	
プレーンヨーグルト ………… 200 g	
バニラエッセンス …………… 5 滴	
レモンの搾り汁 ……………… 15ml	
粉ゼラチン …………………… 8 g	

白ワイン ……………………… 30ml	
生クリーム	
（乳脂肪分 40% 以上）……… 100ml	
＜イタリアンメレンゲ＞	
卵白（L サイズ）…………… 1 個分	
グラニュー糖 ………………… 40 g	
水 ……………………………… 15ml	
＜仕上げ用ラズベリーソース＞	
ラズベリーソース（p.10 参照）50 g	
粉ゼラチン …………………… 1 g	
水 ……………………………… 10ml	
生クリーム（乳脂肪分 40% 以上）100ml	
グラニュー糖 ………………… 15 g	
ブルーベリー、ミント ……… 各適量	

準　備 ▶・クリームチーズは室温にする。

　　　　・生クリームは使う直前まで冷やす。

　　　　・カスタードソース、ラズベリーソースは室温にする。

01

シートスポンジ（p.120 参照）を
直径 15cm の丸型を使って抜く。
15cm より 2 mm ほど大きめに抜く。

02

抜いたシートスポンジ。残りの部分
は使わないので、おやつなどに食べ
るとよい。

03

型に側面だけオーブンシートを貼り
つけ、底にスポンジを敷く。

04

耐熱容器にシートスポンジ用シロッ
プの材料をすべて入れ、電子レンジ
で温めて溶かす。

05

スポンジに 4 のシロップをハケでぬ
る。

06

チーズ生地を作る。耐熱容器に白ワ
インを入れ、粉ゼラチンをふり入れ
て軽く混ぜ、ふやかす。

07

ボウルにクリームチーズとグラ
ニュー糖 15 g を入れてゴムベラで
練る。

08
なめらかに
なるまで
texture

カスタードソースを加え、泡立て器
に持ち替えてよく混ぜる。

09

プレーンヨーグルトとバニラエッセ
ンス、レモンの搾り汁を加え、よく
混ぜる。

10

なめらかになったら、このまま待機。

11

イタリアンメレンゲを作る。別のボウルに卵白とグラニュー糖10gを入れる。

12

ハンドミキサーで泡立てる。

13

この程度でストップ。次のシロップができるまで冷蔵庫に入れておく。

14

イタリアンメレンゲ用のシロップを作る。鍋に分量の水と残りのグラニュー糖30gを入れて中火にかけ、煮立てる。

15

煮立ったら温度を測り、118℃になったら火からおろす。

16

冷蔵庫に入れておいたメレンゲに素早く加えながらハンドミキサーで混ぜていく。

17

さらにメレンゲを泡立てる。

texture

ツヤが出てしっかりとするまで

18

イタリアンメレンゲのでき上がり。

ダマがない
ように
texture

19

6のゼラチンを電子レンジ（500W）
で約20秒、沸騰させないように加
熱して溶かし、すぐに10のボウル
に加える。

20

泡立て器で素早く混ぜ合わせる。

21

イタリアンメレンゲを3回に分けて
加え、その都度混ぜ合わせる。

22

すべて加えてなめらかにする。

23

別のボウルに生クリームと残りのグ
ラニュー糖15gを入れ、チーズ生
地と同じくらいのかたさに泡立て
る。

24

この生クリームを22のチーズ生地
に入れ、ゴムベラで合わせる。レア
チーズムースケーキの生地が完成。

25

5の型に流し入れ、表面をならす。

26

この状態で冷蔵庫で6時間以上冷や
しかためる。

27

仕上げ用ラズベリーソースを作る。
粉ゼラチンを分量の水でふやかし、
電子レンジで約20秒加熱して溶か
す。

28

ラズベリーソースに溶かしたゼラチンを入れ、よく混ぜておく。

29

かたまったケーキを冷蔵庫から出し、周囲をスプーンで幅2cm、深さ5mmほどくり抜く。一周同じ幅に。

30

くり抜いた部分にラズベリーソースをあふれない程度に流し入れ、再び冷蔵庫でソースがかたまるまで冷やす。

31

かたまったら、温めたタオルやペーパータオルなどを巻いて側面を少し温める。

32

グラスや瓶などで下から押し上げて型から抜く。

33

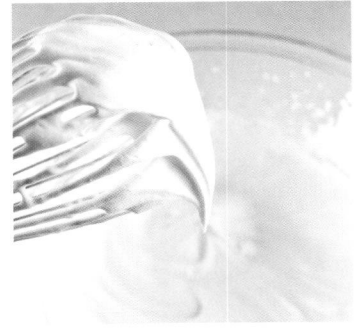

生クリームとグラニュー糖をボウルに入れ、8分立て（泡立て器にぽってりとつく程度）にする。

34

口金（好みのもの）をつけた絞り出し袋に入れて絞り出し、ブルーベリーをのせ、ミントを飾る。

gemomoge
フードフォトグラファー・調理師。2016年から、はてなブログでカナ
ダとアメリカ在住の間に習得した現地の焼き菓子を中心にレシピを公
開、延べ1000万以上のアクセスを誇る。日々のお菓子作りを投稿して
いるインスタグラムも人気で、9.5万人のフォロワーを獲得（ともに
2021年11月現在）。不定期にお菓子・お料理教室を開催、YouTubeで
の動画配信も開始するなど、多チャンネルでお菓子作りの楽しさを発
信しながら、3人の子育てに奮闘中。

ブログ『さっさっさっと今日のおやつ』
https://www.gemomoge.net/
インスタグラム
@gemomoge
YouTubeチャンネル
gemomoge's kitchen

味わいリッチなチーズケーキ
定番から初めてのおいしさまで

2021年12月2日　初版発行

著者／gemomoge
ゲモモゲ

発行者／青柳 昌行

発行／株式会社KADOKAWA
〒102-8177　東京都千代田区富士見2-13-3
電話 0570-002-301(ナビダイヤル)

印刷所／凸版印刷株式会社

©gemomoge 2021　Printed in Japan
ISBN 978-4-04-605408-1　C0077

楽しむコーヒーと、道具選び

CAFICT
コーヒーと暮らす。

くぼた まりこ

cafict

JN038960

はじめに

コーヒーを淹れ始めたのは、もうかれこれ12〜13年前。ブラックコーヒーなんて苦くて、全然興味なし。そんな頃。

私にとってドリップコーヒーとの出会いは「CHEMEX」との出会いでもある。コーヒー粉をフィルターに入れてお湯を注ぐ。たったこれだけのことが私にとっては大きな衝撃でした。

今ではたくさんあるコーヒーショップだけれど、当時、コーヒーショップといえば喫茶店やスターバックスくらい。インスタントしか淹れたこともなく「ドリップ」が何なのかさえ知らない。そんなときに初めて見たCHEMEXでコーヒーを淹れている姿は、部屋中に広がるコーヒーのいい香りと立ち上る湯気、そしてコーヒーが滴っていく佇まい。とりこになるには十分すぎるほどでした。

つまりのところ、私が最初に好きになったのはコーヒーではなくCHEMEX。それを使いたいためだけにコーヒーを淹れ始め、使い始めたら徐々にコーヒーのおいしい淹れ方を知りたくなり、コーヒーのセミナーに行くようになり、ドリップの知識を日常の中で探すようになっていきました。

すると次に、「コーヒーミル」が欲しくなるのは自然なことでした。今では考えられないかもしれませんが、その頃、コーヒーミルは今ほど種類もメーカーも豊富ではなく、どのコーヒーミルを選べばいいのかなんて情報はネットにもほとんどありませんでした。悩みに悩んで、とりあえず初めて買ってみたのがプロペラ式のボダムのコーヒーミル。使っていくうちに、いいところ、悪いところを知り、次のミルを買って、またいい点、悪い点を知る。そんな作業を重ねてコーヒー器具に詳しくなっていきました。

そんなとき、ふと私のように困っている人がいるんじゃないかなと思い、ブログを始めたのが、今の「CAFICT」です。そのブログを細く長くずっと続けてこられたのは、娘の体が弱く、働きに出ることができなかったというのが大きな理由かもしれません。その娘を妊娠して、つわりで最初にダメになったのが、じつはコーヒーでもあり、大変だった小さい頃の育児だけど、今ではそれも意味があったのだとそう思える。いつまでもかわいい娘たちに感謝。そしてCHEMEXを教えてくれた夫にも。

ところで「コーヒーにはうんちくがつきもの」と思っている人も多いのではないでしょうか。でも実際には、コーヒー豆によっておいしい淹れ方は違うし、人によっておいしいと思うコーヒーは違う。だから、そのとき自分がおいしいと思うのなら、どんな淹れ方でも、どんな道具を使っても、どんな豆を使っても、それが最高のコーヒーだと思います。手を抜いたり、雰囲気で淹れたり、逆にとびきりこだわって淹れてみたり、お店の人に相談をしてみたり。おいしくないなと感じるなら、どうしてないのかを調べてみたり。せっかくの癒やしなのに「しないといけない」が多いと、癒やしも楽しみも半減してしまうから、自分がよければ、それが一番いいコーヒーの淹れ方。普通なら信じられない淹れ方が、じつは最高のコーヒーを生み出すかもしれない。私がめざすのはお店で出すコーヒーではなく、家で自分が楽しむコーヒー。自分が満足していたら、もうそれは自分にとって最高のコーヒー。自分だけの自分のための素敵なコーヒーのある暮らしを、ぜひ。

part. 1

コーヒーのある毎日

雨降りの日

雨の日は、なんだか気持ちが落ち着かない。
特に何かあるわけではないのに
ちょっとした不安を感じる。
理由はわからないけれど、いつもそう。
だから雨の日は
何かを始めるために動いたり
新しいことを考え始めるというより、
気持ちと生活を整える日。

8

朝からいつもの掃除だけをすませ
気持ちを少しすっきりさせて不安をとり払い、
外に出かける予定がないときは
普段できていないところまで掃除をしたり、
写真データの整理をしたり、
パソコンに向かって、しようしようと思って
できなかった作業にとりかかる。
お菓子を片手にコーヒーを飲みながら
本や漫画を読んだり、映画を見たり、
次の YouTube の動画内容を
ぼんやりと考えたりする。
もともとひとりで何かを考えたり
作業をしたりするのが大好きな私にとっては
このうえなく楽しいひとときでもある。
そうやっていつの間にか一日が過ぎていく。

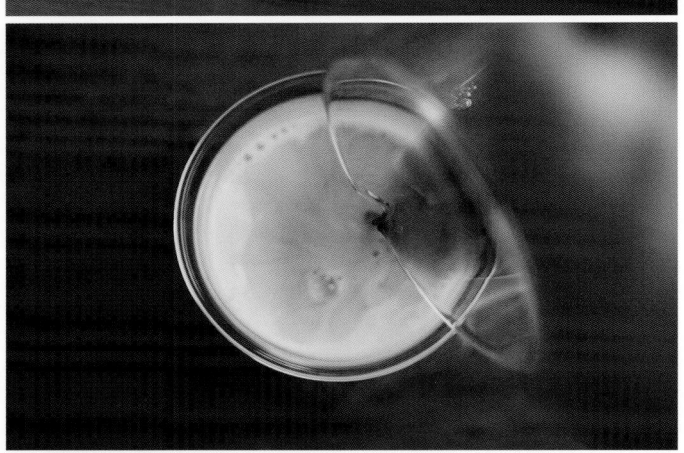

心も体も温まるミルクたっぷりのカフェオレ。
雨のにおいや音を感じながら、ほっとする。

そんな雨の日に私が飲むコーヒーは
あったかくて、おなかも満たされて、
不安だった気持ちが
ほっとやわらぐようなものが多い気がする。

大きめのマグカップに
たっぷりのミルクとコーヒーを注いだカフェオレ。
浅煎りのコーヒーに、はちみつとレモン。
じんわり濃く淹れた深煎りのコーヒーに
少しのミルクとシロップ。

ほんのり甘いコーヒーをお気に入りのマグカップで
ゆっくりとゆっくりと何かをしながら飲む。
少し甘くしてあるから、すっかり冷めてしまってもおいしい。

雨の日には不安を感じると言ったけれど
雨のにおいも、雨の音も決して嫌いなわけじゃない。
特に雨のにおいは好きで、ちょっと気分転換をしたいときは
窓を開けたり、ベランダのそばでコーヒーを飲んだり。
たまに雨を眺めながら、雨のにおいを感じながら
じんわり温まるおいしいコーヒー。
さらにいえば、顔がほころぶ甘いものがあれば
いつもと同じ平凡な一日でも最高に幸せ。

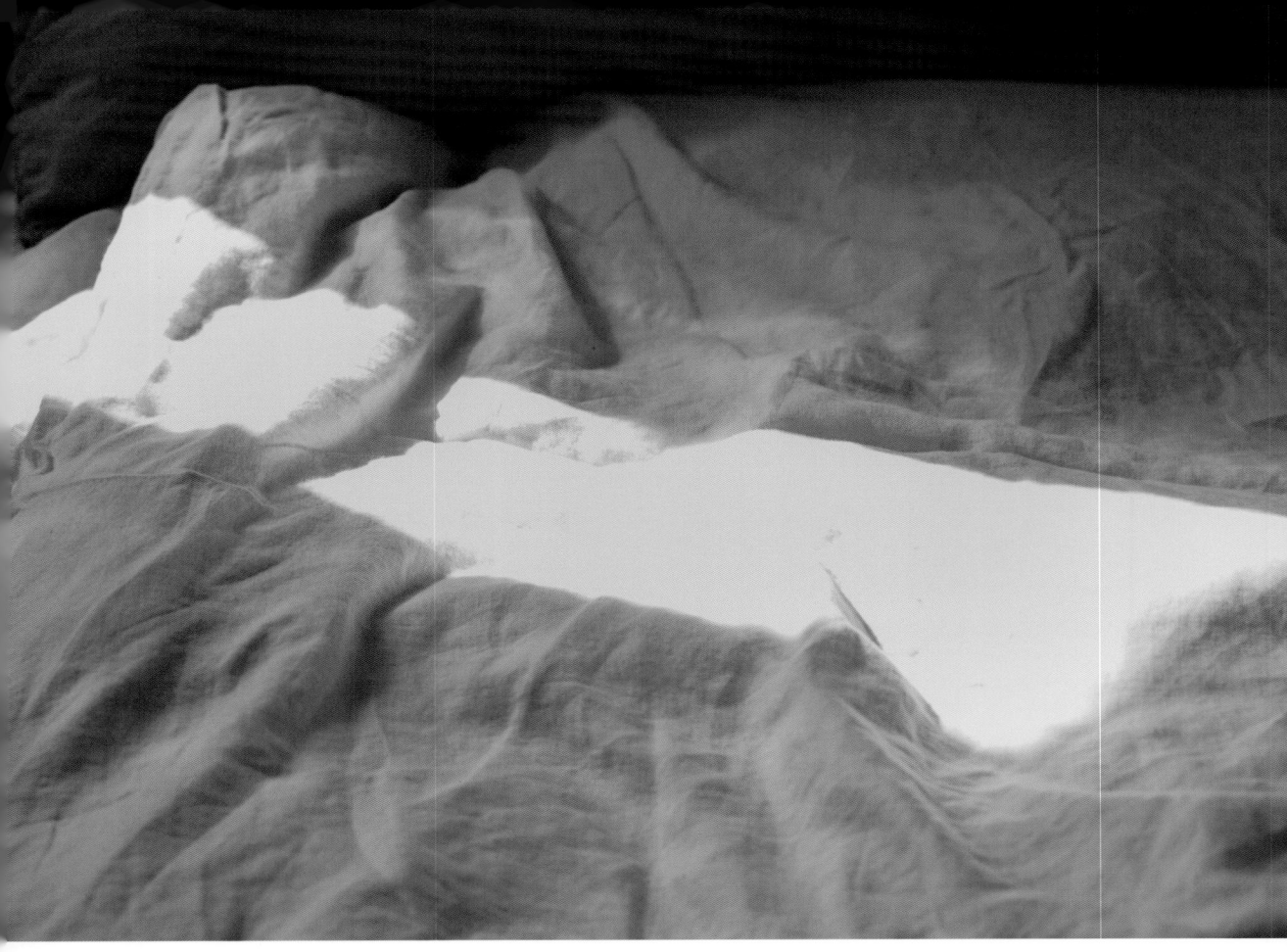

何かを始める日

「○○を始めよう！」と思い立ち、
心に決める日は
体調がすぐれている日であることが絶対条件。
ぐっすり眠って起きた朝は
頭も働くし、体も動く。
さらに晴れていれば最高かも。

私は普段、朝が苦手なので
ギリギリまで寝てバタバタと娘たちの朝食を作り、
学校に送り出してから、やっとひと息。
コーヒーを淹れる。
朝はドリップコーヒーが多い。

お湯を沸かしてコーヒー豆をはかり、ミルで挽き、
ドリッパーとコーヒーサーバーをとり出して
ペーパーフィルターをセット。
使うドリッパーは気分によって違うけれど
一連の動作は毎日同じ。
毎日同じことのくり返しだけれど
コーヒーの香りと味はいつも変わる。

朝一番においしいコーヒーを飲むのは、私のルーティン。コーヒーの香りと味が私にやる気をくれる。

コーヒーを淹れるとき、
袋を開ける瞬間が一番好きだ。

〝いい香り〟がふわっと広がり、
豆を挽くと、さらに香りが濃くなる。

お湯を注げばぷくぷくとガスを出し、
湯気とともにやっぱりいい香りが広がる。

お湯を注いでは待って…をくり返し、
サーバーにコーヒーがたまっていく。

そうやって淹れたコーヒーを飲みながら
気分や体調がいいと、何かしらのやる気がわいてくる。

新たに何かを始めるというと
なんだか大げさかもしれないけれど

模様替えをしたり、買い物に出かけたり、
気になっていたカフェに行ってみたり、

新しい料理のレシピを作ってみたり、
もちろん仕事のことも多いけれど

大きなことじゃなくてほんの小さなことでも
何かを始めて、そうやって積み重ねて。

ほんの少しずつ成長して
できることや満足感が増えていく。

忙しい日

忙しい日というのは
たいてい朝から「今日は忙しい」
というのがわかっているものだと思う。
しないといけないことを頭の中で掘り起こし、
段取りを考え、それに向かって準備をする。
ひとつひとつはそうでもないのに
いろいろなタイミングが重なると忙しい。

たとえば私のよくある場合をいうなら
朝バタバタと家事をすませたら
昼にかけての明るいうちに動画の撮影をして、
依頼のあった写真を撮って記事を書いて、

14時には
オンラインミーティングがあって、
それが終わる頃には娘が帰ってくるから
習いごとに行く前の
軽く食べられるものを作って、
買い物に行ってから夜ごはんの準備をして、
食べたら食器を洗ってから片づけて、
娘たちの宿題やするべきことを確認して、
夜には動画の編集しよう…となる。
こういう、しないといけないことが
たくさんあるときや
何かの作業に集中するとき、
考えることがたくさんあるときは
あまりおなかいっぱいにはしたくない。
眠くなるし、満足してしまって
重い腰を上げられなくなる。

忙しい日は、やっぱり甘いコーヒーが恋しくなる。
疲れた体と心に元気をくれる私の癒やし。

そんな日の朝や昼には

ごくごく飲めて、それだけで少しおなかが満たされるものをよく飲む。

ミルクや豆乳たっぷりで、さらに疲れていれば、ほんのり甘いコーヒーを。

思い浮かぶのは昔ながらのコーヒー牛乳。

私はたとえばコーンフレークにミルクを多めに入れたくらいの、

ほんのりと甘いコーヒー牛乳が大好き。

お風呂上がりじゃないけれど

冷たいコーヒー牛乳をごくごく飲んで

「よし、がんばろ！」と気合いを入れて、忙しいその日をこなしていく。

考えごとをする頭をキリッとさせたいときは、ブラックコーヒーを。

そして、忙しかった一日が終わってほっとするときは…私はビール。

寒くなってきた日

朝起きて、少し肌寒いなと感じてきたら
わが家の朝のコーヒーが
アイスからホットに切り替わる。
私は暑いより寒いほうが苦手だ。冷え性でもある。
けれど、夏は虫が多いことや日に焼けやすいこと、
最近では雷雨や豪雨も多いからか
なんとなく、冬のほうが好きだ。

そして理由がもうひとつあるのかもしれないと最近思う。

もともとアイスコーヒーも大好きなので

夏はホットコーヒーよりアイスコーヒーが圧倒的に多い。

だから、ちょっと寒くなってきて

「今日の朝はホットコーヒーにしようか」という言葉とともに

朝のコーヒーがホットコーヒーに変わったら

それはもう夏が終わるということ。

私がコーヒーで季節を感じる一番の瞬間かもしれない。

そして少しうれしい瞬間でもある。

ホットコーヒーの出番が増えると秋到来。
少し肌寒い中おどり出す
湯気と香りに顔がほころぶ。

やっぱりコーヒーといえば
ホットコーヒーだからというのもあるけれど
寒くなってきてコーヒーを淹れるときに
湯気が立ち込めてくる瞬間というのが
とても好きな光景だからでもある。
寒くなるほどに湯気は白くドリッパーを覆う。
お湯をドリッパーに注ぐたびに
ふんわり浮かぶ湯気を見ながら
ゆっくりとお湯を何度も注いで
でき上がったコーヒーは
お気に入りのコーヒーカップに。
私は、手に持つとそのコーヒーの温度を
感じられるカップが好きだ。
特に寒くなってきた日は
コーヒーの温かさというものをより感じられる。

コーヒー豆の袋を開ける瞬間が
一番好きだと言ったけれど
じつはもうひとつ大好きな瞬間がある。
それは、でき上がったコーヒーをカップに注ぐときだ。
大好きなカップに
注がれていくのが好きということもあるし、
おいしそうなコーヒーが
やっと飲める!という気持ちがあるからかもしれない。

23

家でゆっくり
過ごせる日

特に出かける予定がなくて
家でゆっくり過ごせる日は何がしたいだろう
と考えてみたときに、私の答えはひとつだ。
「だらだらしたい」これに尽きる。
少し前までは「時間がもったいない」とか
「出かけよう!」と
意気込んだりしていたけれど
最近はすっかり
考えが変わってしまったようだ。

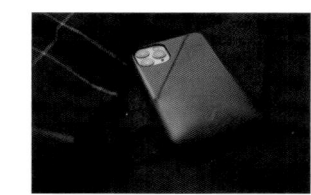

ただ朝からひたすら
ソファに腰かけて何も考えず
スマホを見たり、本を読んだり、テレビを見たり。
好きなものを食べて、一日を過ごす。
たったこれだけが
最高に幸せだと感じるのは私だけだろうか。
娘たちがいるから、完全にだらだらとだけして
過ごせる日はないのが現実だけれど
最近の私は、少しでもだらだらするために
働いているといっても過言じゃない。
そんな日のコーヒータイムは
もちろんゆっくりのんびり。

時間のゆとりは心の余裕。
ただのんびりと過ごす
コーヒーのある時間を大切に。

時間はたっぷりある日だから
お気に入りのミルでのんびりと豆を挽いて
大好きなコーヒーの香りに包まれながら
ゆっくりドリップ。
手動でじっくりエスプレッソを
淹れてもいいかもしれない。
どちらも時間があるときならではの
ゆったりとしたコーヒータイム。
やっぱり幸せ。

だらだらしたいと言ったけれど
食べるものは、買ってきたものでもいいから
本当に好きなものや
おいしいと感じるものを。

丁寧に淹れたコーヒーのおともは
凝ったものじゃなくてもやっぱりおいしい。
トーストを焼いて大好きなフルーツをのせて
メープルシロップをたっぷりかける。
こんな簡単なトーストでも
私にとっては最高のコーヒーのおとも。
家でゆっくり過ごせる日は
自分にとってごほうびの日。

何もしたくない日

誰にでも、何もしたくない日
というのがあると思う。

「天気が悪いから」「ただなんとなく」
理由は人それぞれなのだろうけれど。

私の場合は、「単に疲れているとき」
「何か気がかりなことがあるとき」
「自己嫌悪に陥っているとき」に
何もしたくなることが多い気がする。

そんなとき、みんなはどうやって
やり過ごしているのだろうと考えることがある。

ちなみに私は

「好きな音楽を聴いて、あわせて鼻歌を歌う」
「ゲームをしたり漫画を読んで
時が解決してくれるのを待つ」

こんな感じでのりきっている。

夫を見ていると、頭の中でひたすら考えて
消化しているように見える。

人によって違うのだろうけれど
私の場合は間違いなく現実逃避戦法だ。

漫画やゲームに逃げて、鼻歌を歌って

とにかく時が過ぎて心が落ち着くまで

現実から逃げる時間が欲しいのだ。

どうしてもやる気が起こらないときは無理をしない。

そして、大好きなコーヒーから元気をもらう。

そんなときのコーヒーは、至極簡単なものを。

一番多いのはドリップバッグコーヒー。
開けてお湯を注げばでき上がるから
お湯を沸かす手間を乗りきれば
おいしいコーヒーにありつける。

ドリップバッグは
コーヒーショップでコーヒー豆を買うときに
いつも1〜2個一緒にレジに持っていくようにしている。
パッケージもかわいいし、
インスタントよりおいしいのに手軽だ。
ただ開けてお湯を注ぐだけだけれど
袋を開けたときのコーヒーの香りは
やっぱり私を癒やしてくれる。

簡単だからという理由で選んでいるけれど
結局は蒸らしてお湯を何度か注いで…という
コーヒーを淹れるいつもの行為に安心を覚えて
癒やされているのかもしれない。
そして好きなコーヒーショップのドリップバッグは
やっぱりとてもおいしくて、また癒やされる。
そうやって少しずつやる気をとり戻していく。

特別な日

特別な日というと、何を思い浮かべるだろう。
誕生日、クリスマス、お正月、記念日、
あとは何かが成功した日かな。
なかでも特別な日というと
私はやはり誕生日を思い浮かべる。
私のじゃなくて家族の誕生日。

おいしい食べ物に、おいしいケーキ。

家族の笑顔があふれる日。

もちろんおいしいコーヒーも。

ハッピーバースデーを歌う前に

まずはコーヒーをたっぷりと準備。

別に私の誕生日じゃないけれど

ここぞとばかりに

飲んでみたかったコーヒー豆を

ちゃっかり買っておいたりする。

ちなみに食べたいケーキは

毎年変わるけれど

そろってフルーツ好きだから

タルト率が高いかもしれない。

フルーツたっぷりのケーキなら

浅煎りのコーヒーを。

チョコレートケーキなら深煎りを。

ケーキのリクエストを聞いて

どこのコーヒー豆にしようかなと

悩むのは、私の楽しみのひとつ。

楽しいおしゃべりに最高の笑顔。
家族をお祝いする日は
コーヒーだって特別なものに。

お気に入りのコーヒー器具を使って
"いい香りに"包まれつつ
娘たちの止まらないおしゃべりを聞きながら
コーヒーを淹れる。
お気に入りのカップも準備して。
このときばかりは娘たちも
かわいいカップを自分で選ぶ。
中身は牛乳だけれどね。

コーヒーのいい香りで部屋が満たされたら
ろうそくをつけて、電気を消す。
いつか娘たちも家族を持ち、
こうやってお祝いをするのかな。
なんて随分先のことを勝手に考えて
少し寂しく感じるのは
子離れができていない証拠に違いない。
「ママ、うざい」なんて言われませんように。

落ち込んでいる日

特に大きな原因でなくても
いつもならなんとなくやり過ごせることが
どうしても気になってしまう。
些細なことだとわかっているのに
心がどこか沈んでしまう。
誰しも落ち込む日はある。
私にもそんな日がたまにある。

そんなときは、とことん自分を甘やかすことにしている。

こういう日は自分では何もしないのが一番だ。

コーヒーなら人に淹れてもらってもいいし、

ごはんだって誰かに作ってほしい。

一歩も動きたくない。ただだらだらしたいだけの気もする。

とはいえ、娘たちのごはんの準備はあるし、

仕事があればパソコンに向かわなければならない。

コーヒーを飲みに行くのもちょっと面倒だったりする。

心が沈んでしまうときは、自分にも家族にもとことん甘える。

コーヒーとそのおともだって自分に甘め。

落ち込んだときの定番は
家にあるお菓子と
甘くてとろけるようなカフェラテ。
コーヒーが甘いから、合わせたくなるのは
しょっぱいポテトチップス。
罪悪感を抱いてしまうこの組み合わせが
じつは最高に好きなのだ。
落ち込んでいる日くらいいいでしょ?と
誰かに心の中で確認をしながら
甘いカフェラテとポテトチップスを食べると
少し元気が出る気がする。
おなかが満たされると、心も少し満たされる。

少しだけ元気が出たところで
ごはんはテイクアウトにすることにして
仕事も家事も最低限に。
少しラクをさせてもらって、好きなものを食べて、
おいしいコーヒーを飲んで心も体も甘やかす。
そして次の朝には
いつものようにコーヒーを淹れて
香りに癒やされて、また少し心を回復させる。

part. 2

お気に入りの器

大好きな器でひと息つく

休日や少しの癒やしの時間に
お気に入りの器でひと息つくのが
楽しみのひとつ。

大好きなコーヒーに使うカップやグラス、
自分のごほうびタイムに使う器は
眺めているだけでも幸せ。

なかでも特にグラスを多く持っているかも。
アイスコーヒーはもちろん、
炭酸やお酒も好きだから。

やっぱりよく使う種類の食器が増えていく。

minä perhonen

ほかにはないデザイン
で、ひと目で気に入っ
た。デミタスカップと
いってもいいくらいの
小さめサイズ。いつも
ソーサーにちょこっと
お菓子をのせ、コー
ヒーをつぎ足しながら
のんびり過す。

COFFEE COUNTY

福岡のコーヒーショップ COFFEE COUNTY がガラス工房ス
タジオプレパとともに作ったガラスのコーヒーカップ。厚み
が絶妙で、持つとコーヒーのほどよい温かさを感じる。

ARABIA Myrtti ヴィンテージ

少しくすんだブルーのカラーにひと目惚れ。最近、久しぶり
に心おどったコーヒーカップ＆ソーサー。私がいつも使って
いるチーク材のテーブルにも合い、とても気に入っている。

横山拓也

持つと少しざらっとした質感と、漆喰のような独特の雰囲気。
コーヒーにも日本茶にもスープにも、普段から気軽にサッと
手にとって使うのにちょうどいいサイズ。

GUSTAVSBERG Spisa Ribb ヴィンテージ

私が北欧食器を好きになったのは、これをデザインしたス
ティグ・リンドベリによるものから。スピサリブは落ち着い
た色合いなのにかわいらしい。復刻版もある。

ARABIA Faenza ヴィンテージ

ファエンツァシリーズは、フォルムは同じでも柄物から黄色
など派手な色までいろいろなデザインが。モノトーンで何に
でも合うヴィンテージが欲しくて、これを選んだ。

蚤の市で買った脚つきグラス

ひと目惚れして購入したワイングラス。脚の部分が意外に
しっかりとしていて、安定感があって使いやすい。アイスコー
ヒーを飲むときに出番が多い。

イッタラ ティーマ（リネン /scope）

定番のティーマは、カイ・フランク デザインの飽きのこないシェイプがとにかく好き。くぼみのないソーサーをプレートに使えるのも魅力。このリネンは scope の別注カラー。

RITOGLASS

薄さや色合い、フォルムがコーヒーにぴったり。コーヒーにはクリアがいいかなと思いつつ、グレーやアンバーなど好きな色や形をいくつも購入。どれもかわいくて愛用している。

Cores キキマグ

ドリッパーで知られる ORIGAMI とのコラボで生まれたカップ。見た目以上に入るサイズと、口を当てたときに香りがしっかり届くデザインで、コーヒーを余すことなく楽しめる。

笹川健一 ワイングラス

気泡がたくさん入った絵になるグラス。お店の人に「炭酸を入れるとさらにかわいいですよ」と言われ、入れてみたら確かにかわいい。エスプレッソソーダなど炭酸系によく使う。

「普段本当に
よく使っている器たち。
それぞれ使い分けているけれど
どれも気に入っている」

ARABIA Ruska ヴィンテージ

ものによって表情が異なるルスカシリーズは、渋い色合いでどっしりとした雰囲気があって、置くだけで存在感がある。厚みがあって丈夫で使いやすく、出番が多い。

BODA NOVA
ヴィンテージ

ガラスのものが好きだけれど、特にボダノバは見つけるとたいてい欲しくなる。サイズ感やフォルム、厚みなどがちょうど私の好みなのだと思う。

畠山雄介
ゴブレット

とても軽くて、厚みもないので、見た目も軽やか。アイスコーヒーはもちろん、ワインにもよく合う。ガラスが好きなので、陶器のゴブレットは初めて購入したかもしれない。

私がひかれる器たち

手にとったとき、テーブルに置いて眺めているとき。
お気に入りの器にはどれも心ひかれるツボがある。

01

手になじむもの

私は量を飲むほうだけれど、マグカップよりコーヒーカップくらい小さめで、直に手に持つタイプを選ぶことが多い。コーヒーの温かさを感じることができるし、持ったときに手の中におさまるのがなんだかしっくりくる。だからサーバーから注いでは飲むというのをくり返すのだけれど、サーバーからカップに入れる瞬間も好きな私にはとても合っている。

02

古いもの

スティグ・リンドベリのデザインに魅せられたのがきっかけで、北欧ヴィンテージの器を好きになった。北欧に限らず、日本の器ももちろん、家具なども気に入ったものを大切に使って、またほかの人が受け継いでいくというスタイルがいい。独特の味があったり、歴史を感じさせてくれるものは、使っていて感慨深い。

03

ガラスのもの

器は好きだけれど、食器棚を見渡してみると
なんだか圧倒的にガラスのものが多い。見て
いてきれいだし、飲み物を入れてもグラスの
中がずっと見えているというのも好き。アイ
スコーヒーに限らずビールや炭酸など、冷た
い飲み物をよく飲むということもあるかもし
れない。

04

木のテーブルになじむ色合い

テーブルもヴィンテージを愛用している。そ
してテーブルにカップやお皿などを置いたと
きにしっくりくるものがやっぱり好きだ。食
器を買うときはサイズ感も重視するけど、同
様に家のテーブルに置いてみたときの雰囲気
を想像して購入することが多い。カラフルな
デザインのものでも、少しくすんだ落ち着い
た色合いのものを自然と選んでいる。

05

脚つきグラス

グラスは、なんとなく脚つきのものを選ぶこと
が多い。小さい頃、少しいいレストランに行く
と、両親が脚つきのグラスで飲んでいるのを
見て憧れていたからかもしれない。薄くて高
級感のあるグラスから普段使いのグラスまで、
飲み物を注いだときになんとなくおいしそう
で、そしてかわいらしく見えることもあり、つ
い脚つきグラスに目がいってしまう。

お気に入りのコーヒーグッズ

コーヒーを淹れるときは、一緒に使う小物にもこだわりたい。お気に入りが集合したら、コーヒータイムがますます幸せ。

コーヒーメジャースプーン

柄が長いと持ちやすい。短いとコーヒーキャニスターに入れることができる。私は何も考えずにデザインだけで選んでいる。上から、MORIHICO.×Craft K、IKEA、ACTUS、HMM（台湾）。

BODA NOVA ヴィンテージビーカー

シンプルでなんてことのないビーカーだけれど、電動ミルの粉受けやコーヒー豆をはかるときにマドラーを置いたり、などちょっとした出番が多い。ブログやSNSで聞かれることの多いグッズのひとつでもある。

WPB コーヒーペーパーフィルターケース

ドイツ製ボンデッドレザーを用い、とても丁寧に作られていて、使い勝手もデザインもいい。蓋にマグネットが入っているのでパタンといい感じでしまるうえ、持ち運びもしやすい。

「コーヒーを楽しむ時間の小さな脇役たち。納得がいくものをそろえていくのもまた楽しい」

オクトゴナル
カトラリーマット

Shell House さんが作っているマット。カトラリーを置くとき下に敷くものって、ありそうでない。うちでは家族分のカトラリーを先のほうだけのせて、テーブルの中央に置くことも多い。

マドラー

コーヒーは必ず攪拌をするので、出番が多いマドラーはお気に入りのものがあると、気分がぐんと上がる。上から、花梨 マドラー（POOL+ で購入）、柳宗理 ステンレスマドラー、ACTUS、雑貨ショップで購入。

オクトゴナル
コースター

同じく Shell House さんのコースター。ほどよい厚みがあって、わが家にあるどのグラスやカップとも合い使いやすい。購入しやすい金額なので、こまめに買い足している。

everyday 保存缶

フィルターも外に出しておくとにおいがつくと聞いてから、できるだけ蓋があるものに入れている。ウェーブ型フィルターは形をくずしたくないので、筒状ですぐに開閉できるものが便利。

ブラシ

散らばったコーヒー粉やミルの掃除に必要で、Redecker(上)と Kalita(中)のものはほどよいかたさの毛で定番。無印良品(下)の木製隙間ブラシは電動ミルについたコーヒー粉をとるのによく使う。

part.3

道具選びと
淹れ方のコツ

ハンドドリップ
コーヒーを淹れる

ハンドドリップのためのコーヒー道具は
たくさんあって、
こだわればきりがないけれど
とりあえずドリッパーとフィルター、
コーヒー粉とお湯さえあればいい。
まずは始めてみることから。
おうちコーヒーをぜひ楽しんで。

Coffee dripper & server

コーヒードリッパー＆サーバー

Kalita ウェーブドリッパー WDS-155 ＆コーヒーサーバー Jug400

Made in TSUBAME のステンレスタイプのドリッパー。これにウェーブ型のペーパーフィルターをセットして使う。筒状なのでお湯がコーヒー粉に均一にしみるため、安定した味を抽出できる。最初のドリッパーとしてもおすすめ。サーバーは口が広めで取っ手も大きいので持ちやすく、お手入れもしやすい。ころんとしたデザインもお気に入り。

HARIO V60 ドリッパー＆コーヒーサーバー 400 オリーブウッド

世界中で愛用されているドリッパー。コツをつかめばあっさりにもコクがあるようにも味の調整ができる。材質やカラーも豊富。穴は1つだけれど大きいので抽出速度は比較的速め。私は浅煎りのえぐみが苦手なので、浅煎りコーヒーのときはこのドリッパーをよく使う。

「ドリッパーによって
コーヒーの味も変わるけれど
見た目で選ぶのもありだと思う」

LOVERAMICS BREWERS

3つとも同じフォルムだが、リブ（溝）
の形状が異なって抽出速度が変わるた
め、コーヒー豆やその日の気分に合わ
せて選ぶことができる。ドリッパース
タンド（写真下）は内側にシリコンが
ついていて安定性があるうえ、ほかの
ドリッパーにも使えるのでおすすめ。

HMM Gaze ドリッパー＆サーバー

すべてガラス製。1〜2人用で内側の角度は少し急。サー
バーはダブルウォールなので熱くならず、持つとコー
ヒーの温度をじんわり感じられるのが好み。サーバーは
液だれするので一気に注ぐのがおすすめ。そこが難点だ
けれど、かわいいから関係なく使ってしまう。

Cores ゴールドフィルター C246BK

コレスのゴールドフィルターは純金コーティングにより
化学変化を起こしにくく、コーヒー豆のピュアな風味と
香りを引き出せる。ペーパーフィルターをセットする必
要がなく、粉を入れてすぐ抽出できる。軽くて割れない
ので、気軽に使えて便利。出番は多い。

Coffee dripper & server
コーヒードリッパー＆サーバー

ANAheim Double Wall Beaker

コーヒーカップと同じように、コーヒーサーバーも手に温度を感じられるものが好きで、やっと見つけたダブルウォールの大きめのコーヒーサーバー。水滴がつきにくいのでアイスコーヒーによく使っている。

ブルーボトルコーヒー　ドリッパー

専用のウェーブ状フィルターで抽出する。一番の特徴は内側の40本もの突起した細かいライン。この突起によって、抽出口から遅すぎず速すぎず一定の流れで抽出できる。こちらは期間限定デザイン。よく購入するブルーボトルの豆は、必ずこのドリッパーで淹れている。

TORCH コーヒーサーバー Pitchii

シンプルだけれど、少しある出っぱりがコーヒーの量の目安を教えてくれる。どこか小鳥に似た形なので、ピッチーと名づけられたそう。今うちにあるコーヒーサーバーでは一番古いかもしれない。ずっと使える。

珈琲考具　ドリッパー

新潟県燕市で作られているコーヒー器具。ドリッパーはすべてステンレスでできていて丈夫で、洗うのもラクでいい。円すい型だけれど、ペーパーフィルターは円すい型も台形も使える。台形は、はさみ込むようにセットする。アウトドアにもおすすめ。

01

金属フィルターか、ペーパーフィルターか

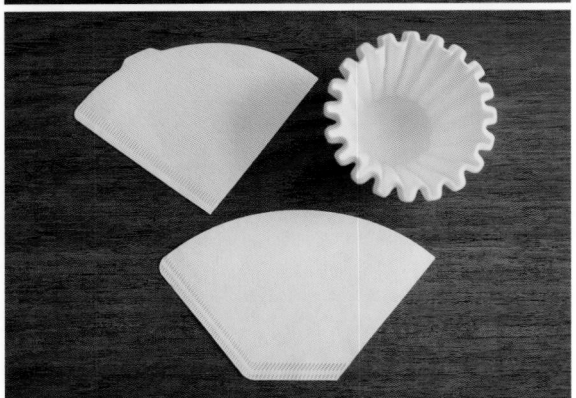

どちらのフィルターにするかで味は大きく変わる。金属フィルターは小さな穴があいていて、ドリッパーとフィルターが一体になったもの。豆の油分まで通すので、コクがあるコーヒーを楽しめる。ただ、微粉という細かいコーヒー粉も通してしまうので、にごったコーヒーになって舌ざわりも少し粉っぽい。ダイレクトにコーヒーを味わいたいなら金属フィルターがおすすめ。

—

使い捨てのペーパーフィルターは、豆の油分を吸いとって微粉も通さないため、すっきりとしたクリアな味になる。形状では台形と円すい型、ウェーブ型の3種類が一般的。多くのメーカーから発売されていて、ペーパーフィルターによっても味は変わってくる。あと片づけがラクなのもメリット。

02

形状
（円すい型、台形、ウェーブ型）

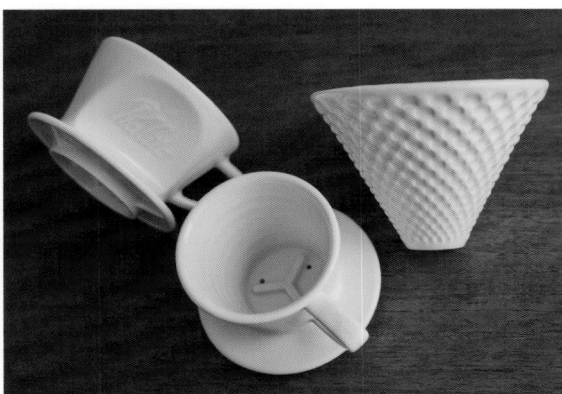

円すい型（右）は、大きな穴が1つで抽出速度が速いものが多い。ウェーブ型（中）は、お湯が均一に行き渡りやすく味が安定しやすい。台形（左）は穴が小さめなので、基本的にはほかのドリッパーと比較すると抽出速度はゆっくり。濃くしっかりとしたコーヒーを抽出しやすい。抽出速度が速いほど抽出できる味の自由度は高くなる。

03
穴の数と大きさ

通常、円すい型は穴が1つ、台形とウェーブ型は穴が1つ～3つある。穴が大きくなればなるほど、数が増えれば増えるほど、抽出速度は速くなる。そして抽出速度が速いドリッパーほど、淹れる人によって大きく味を変えやすくもなる。

04
リブ

リブ（溝）は、ドリッパーの内側にある凹凸。一般的に空気の通り道のために作られていて、メーカーによってリブの数や高さ、長さなどは違う。このリブによっても、抽出速度は大きく変わってくる。ちなみに、金属フィルターはその穴の大きさで抽出速度が変わる。見た目では判断できないので、淹れてみるしかない。

05
材質

気にする点は、1.お手入れのしやすさ、2.扱いやすさ、3.熱伝導のよさや保温性、4.見た目。お手入れは、プラスチックや陶磁器はラクだけれど、銅や木は少し気をつかう。陶器やガラスは割れやすいので慎重に扱うけれど、プラスチックやワイヤーは割れないし軽いので気軽に扱える。また、熱が伝わりやすいものほどドリッパーの温度が早く一定になって抽出効率が上がるが、冷めやすくもある。温まったら冷めにくい、保温性が高いものが安定した抽出温度になると思う。

コーヒーは、使う道具や淹れ方の違いで味が変わってくる。自分好みのおいしいコーヒーを淹れるために、まずは基本の淹れ方から。

01

フィルターに折り目をつけ、つなぎ目を補強する。ドリッパーにも密着しやすくなる。台形の場合は表と裏の交互に折り目を。

02

ドリッパーにフィルターをセットする。

03

お湯をかけて湯通しする。最初にドリッパーを温めておくと、お湯を注いだときに温度が下がらず、コーヒーの成分を効率よく抽出できる。

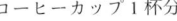

04

コーヒー粉を入れて平らにならす。粉6〜8gにつきお湯100mlの割合がおすすめ。コーヒー豆は焙煎度によって重さが変わってくるので、はかっておくと味が安定しやすい。

コーヒーカップ1杯分
・コーヒー粉 … 12g
・水 … 200ml

マグカップ1杯分
・コーヒー粉 … 15g
・水 … 250ml

05

最初にコーヒー粉全体が湿るくらいのお湯を注ぐ。

06

30秒〜1分くらい待って蒸らす。このときぶくぶくとふくらむのは、コーヒーに含まれる炭酸ガスが放出されているから。このガスはコーヒー抽出の妨げになってしまうので、最初に必ずしっかり蒸らしてガスを放出させておく。ちなみに、浅煎りより深煎りのほうがふくらみやすい。

07

中心から外側に向かって円を描きながらお湯を数回に分けて注ぐ。このとき意識するのは、すべてのコーヒー粉からまんべんなく成分を抽出できるように、お湯が全体に行き渡るように注ぐこと。注湯が片方に寄ってしまうと、反対側はうまく抽出されない。

08

お湯が少し残っているくらいで次のお湯を注ぐ。お湯がなくなった状態で次のお湯を注ぐと、お湯が全体に行き渡るまでに時間がかかって抽出効率が悪くなる。ただし、お湯の量があまり多い段階で次のお湯を注ぐと薄くなりやすいので、気をつけて。

09

あとは自由にお湯を注いで、分量を抽出する。

10

淹れ終わったら、混ぜてからカップに注ぐ。底部分と表面のコーヒーの味は全然違うので、混ぜることは大切。

もっとおいしく
淹れたくなったら…

ドリップでコーヒーの味に影響するのは
「コーヒー豆の挽き具合」「抽出時間」
「コーヒー粉とお湯の割合」
「お湯の注ぎ方」「お湯の温度」。
コーヒーの味にこだわりたいなら
まずはスケールで
粉とお湯の分量をはかることから。
自分が好きな味のコーヒーを
安定して淹れるために
もう少し道具をそろえてみよう。

コーヒーミルで「挽き具合」を調整する

挽きたては、味はもちろん、香りがとてもいい。コーヒー豆は、挽いた瞬間から空気中の酸素に触れる割合が大きくなり、劣化スピードが格段に上がる。コーヒーの香りが大好きな私にとって、その違いは歴然。おいしさを求めるならコーヒーミルは必須。豆の挽き具合を調整することで、味の濃さも調節しやすくなる。

スケールで「重さ」と「時間」を正確にはかる

ドリップに慣れてきたら、スケールは絶対に使いたい。豆やお湯の量さえしっかりはかっていれば、何が原因でこういう味になったのかを明確にしやすい。ドリッパーとフィルターの次にぜひスケールをそろえてほしい。

ドリップポットで「注ぎ方」を自在に操る

家にあるケトルでお湯が注ぎにくいなら、ドリップポットやドリップケトルがあるとやっぱり便利。ドリップしやすいよう、湯量や注ぐ位置のコントロールがしやすくなっている。最近は電気ケトルでもドリップしやすいものが増えてきているのでおすすめ。

「お湯の温度」にこだわる

お湯の温度でもコーヒーの味は想像以上に変わる。基本的に私は85〜95℃くらいのお湯でコーヒー豆に合わせて淹れている。温度が低ければ酸味が、高ければ苦みが抽出されやすくなる。

COMANDANTE

最高峰といわれるミルのひとつ。ニトロブレードと呼ばれる高品質なステンレス鋼の刃と、ぶれない軸の構造で、ハンドルを回す際に必要な力を最小限に抑え、安定した粒度で豆を挽ける。木の質感が手になじみ、ハンドルも持ちやすい。

Coffee mill
コーヒーミル

1Zpresso JPpro

上部のダイヤルを回してコーヒー粉の粒度を調節する。手動ミルなのに簡単に挽き具合を調節できて、とても便利。本体が少し細めになっていて、握る手に力を入れやすく、高品質な刃と構造で切り刻むように砕く。挽き終わるのも早い。

「コーヒーの味に大きな影響をもたらすコーヒーミル。いいコーヒーミルの条件は粒度が均一なこと」

カフラーノ Krinder

エスプレッソ用の極細挽きも可能な手動ミル。本体の材質にはポリアミドやシリコーンなどを使用しているので軽く、アウトドアにも向いている。イタリア製の金属刃を使っているため切れ味も抜群で、豆を均一な粒度で挽けるのがいい。

右・BARATZA Sette270wi

エスプレッソ用の電動ミルとして愛用中。大きな特徴は高性能のスケールが内蔵されていること。挽き具合は270通りの調節が可能。シンプルな構造なのでお手入れしやすく、わかりやすい構造でとても使いやすい。デザインも気に入っている。

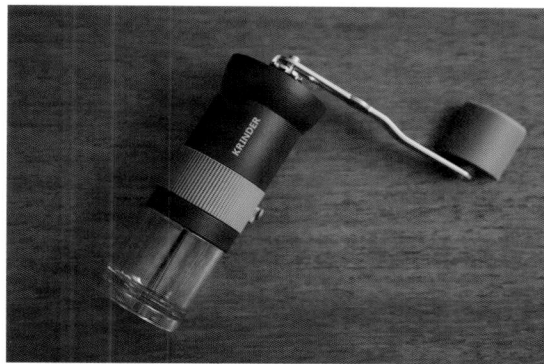

TIMEMORE NANO

最大容量は15gと必要最小限で、ハンドルは折りたためる仕様。持ち運び用にはもちろん、手軽に1杯分を挽くときにもおすすめ。スリムなので握った手にも力を入れやすく回しやすいうえ、粒度のそろい具合もいい。デザインがなにより好み。

左・Cores コーングラインダー C330

粗挽きから細挽きまで調節可能でドリップ用として使用。サイズが合えばドリッパーなどにコーヒー粉を直接落とせるので使いやすい。ボタンひとつでミル刃をはずせてお手入れもしやすく、刃を替えればずっと使えるのも魅力。

Drip scale

ドリップスケール

TIMEMORE

お湯を注ぎ始めると自動でスタートするオートモードでは、ドリップ終了時にかかった時間と注いだお湯の量を表示してくれたりと十分な機能がそろっている。デザインもシンプルでカッコよく、サイズ感もちょうどいい。

コーヒーミル選びのポイント

コーヒーミルを選ぶときは、粒度の均一性や容量、電動にするか手動にするかなどの基本的なことから使う場所やお手入れのしやすさなど自分のライフスタイルにも合わせて選ぶのがおすすめ。

01

手動か、電動か

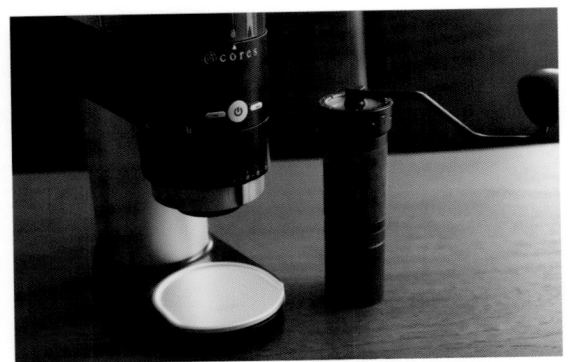

手動ミルのメリットは、香りや感覚を楽しんで挽けること。電源が必要なく、軽くてコンパクトなので、アウトドアや旅行に持っていける。置いてインテリアになるのもいい。デメリットは、時間がかかること、たくさん挽くのが大変なこと、少し疲れること。
電動ミルのメリットは、スイッチひとつで速くたくさん挽けること、これに尽きる。充電式の持ち運べるミルも登場しているが、基本的には電源が必要で、サイズも大きいものが多い。挽いている間は音が大きいということもデメリットのひとつかも。

02

ミルの性能と種類

ミル刃の材質（金属製、セラミック製）
金属製のミル刃は鋭利で切れ味にすぐれているが、静電気や熱が発生しやすく、金属臭もあることがデメリット。セラミック刃は加工が難しく、金属刃に比べて切れ味が多少劣るものの、静電気や熱が発生しにくく、水洗いもできるのがメリット。いわゆる高性能といわれる高価なミルは金属製が多い気がする。

ミル刃の形状
・**プロペラ式／ブレード式（上）**
プロペラ状の刃が高速回転して豆を粉砕。電動ミルで使われ、ボタンを押す長さで挽き具合を調節する。粒のそろい具合はあまりよくなく、雑味の原因になる微粉も多いが、価格がリーズナブルでコンパクト。最初に買うミルとしてはいいと思う。
・**コニカル式／コーン式（下右）**
円すい状のギザギザした刃が回転して豆を粉砕する。手動ミルはほとんどこの形状。熱が発生しないよう、低速で挽くものが多い。内側のコニカル刃と外側の刃の間隔を調整することで、挽き具合を調節する。段階的に細くしていく構造で、エスプレッソ用の極細挽きに対応したミルはコニカル刃が多い。
・**カッティング式／グラインド式（下左）**
2枚の円盤形の刃が向き合って回転する間をコーヒー豆が通ることで粉砕する。スライスするように砕くカッティング式は、熱が発生しにくくて香りがとびにくい。グラインド式はすりつぶすように粉砕するのが特徴。

04
容量と大きさ

アウトドアに持っていくなら小さめがいいけれど、小さければいいというものでもない。普段挽く容量より小さいミルを買ってしまうと、何度も挽かなければならず面倒だし、大きすぎるとじゃまになる。電動ミルならキッチンのスペース問題もあるかもしれない。自分に合ったサイズのものを。

03
軸の安定性

これはコニカル刃においていえることだけれど、軸がしっかり安定していないと刃のすき間の大きさが変わってしまうため、粒度が安定しない。粉の大きさをそろえるためには軸の安定性が必須となる。いいミルは微粉が少なく、粒度の均一性が高い。

06
使いやすさ

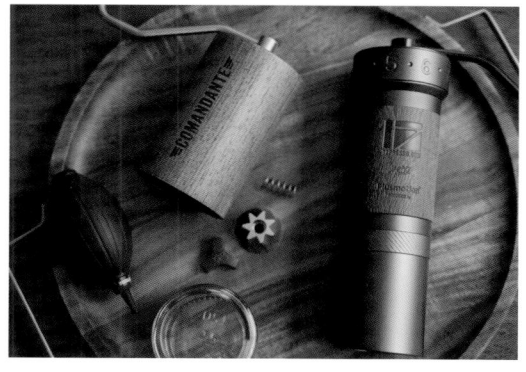

使いやすさのポイントとしては、お手入れのしやすさや挽き具合の調節方法、手動ならハンドルの回しやすさなどがあげられる。どんなに粒度が均一でも使いづらいと、使うのがおっくうになってしまう。私は毎日何度も使うから、粒度と同じくらい使いやすさも大切だと思っている。

05
使う場所

キッチンで使うのか、アウトドアで使うのか、リビングでのんびり挽きたいのかなど、ミルを使う場所によっても最適なものは変わってくる。キッチンで使うならどんなものでもいいけれど、アウトドアやリビングなど場所を選ばず使いたいなら、手動で持ち運びがしやすいものがいい。

Drip pot & kettle

ドリップポット＆ケトル

Brewista

一番の特徴は注ぎやすさ。ハンドルはくるりんとかわいいだけでなく、持ちやすくて疲れない。ノズルは細めにも太めにも注ぐことができる絶妙なサイズの太さ。粉にしっかり近づけてそっと注ぐことができる。軽さもいい。

FELLOW Stagg EKG 温度計付き電気ケトル

デザインと温度設定などの使いやすさが秀逸。また保温中も静かで、一度ケトルを持ち上げても、60分以内に電源ベースに戻すと再加熱・保温してくれる。どんなに傾けてもお湯の勢いが制御されるので、ドバッと出ることなく注ぎやすい。

ここが便利

温度計つきのドリップケトルはやっぱり便利でおすすめ。上／Brewistaの液晶表示部分。下／FELLOWの電気ケトルは温度表示のフォントがかわいい。

「温度調節できる電気ケトルは、とても便利。お湯も沸かせて注ぎやすく、温度も調節できるなんて最高」

Simple Real TAMAGO
コーヒードリップケトル

蓋についている湯温計は、お湯を入れると針がギューンと動いてかわいい。持ち手には熱くならないよう、内側に木が。サイズは小さめで1杯用もしくはドリップバッグ向き。ノズルは細めで湯量の調節がしやすく、お湯がまっすぐ落ちるのがいい。わが家では娘が愛用中。

Kalita
ドリップ専用ポット KDP-800

注ぎ口はさすがのカリタ。最初から最後までお湯をしっかりコントロールできる。細すぎず太すぎず絶妙な湯量。持ち手は指ざわりのいいマットな質感。蓋はワンタッチで開閉できる。ほかにはないおしゃれなデザインも大きな魅力。

月兎印
スリムポット

私が初めて購入したドリップポット。ホウロウなのでお手入れがとてもラク。定番だけに注ぎやすく、なによりかわいい。1.2Lサイズは結構重くなることもあって、細く注ぐのには練習が少し必要だけれど、もう何年も大切に使っている。

まずは「自分がどれだけ注ぎやすいか」それを第一に考えればいい。ポイントは、注ぎ口と持ちやすさ。さらに温度がわかれば、もっと便利。

01
注ぎ口

細いノズルは湯量などお湯のコントロールがしやすい。点滴状にゆっくりドリップしたいなら細いタイプがいい。多めの杯数（4杯以上）をドリップするときは、細くしか注げないと時間がかかり、えぐみや雑味が出やすくなる。太いノズルは湯量を調節できる幅が広いので、さまざまな抽出器具に対応できるが、細く注ぐには注意が必要。また注ぎ口の先端部分によっても注ぎやすさは変わる。

02
持ち手

持ち手は注ぎやすさの点ではかなり重要。ドリップポットの傾きや角度によってお湯の量や注がれる位置が変わり、それをコントロールするのは持ち手によるところが大きい。持ち手は「形」「材質」「デザイン」もさまざま。お湯をたっぷり入れて持っても熱くなったり手が痛くなったりしない、しっかりした大きいものが私は好き。

03
材質

ドリップポットといえば、さびに強くてお手入れも簡単なステンレスが一般的。銅は、酸素や水などに反応して緑色のさびが出ることがあるので、お手入れには少し気をつける必要があるが、丁寧に使い込めば経年変化も楽しめる。ホウロウは、汚れやにおいがつきにくいうえに洗いやすいが、成形しにくいためノズルが太めのものが多い。デザインはころんとしてかわいいものが多く、カラーバリエーションも豊富。

04
容量

ドリップバッグ用なら200〜300mlあればいいし、いつも1〜2杯だけなら500〜700mlあれば十分。3杯以上なら800ml以上あるといいと思う。ドリップポットは小さいほうが軽くて持ちやすく小回りがきくためお湯のコントロールがしやすいが、小さすぎると途中でお湯をつぎ足す必要が出てくるので、自分が使う量に合ったものを選ぶことが大切。

06
温度をはかれるか

コーヒーを淹れるときのお湯の温度は味に影響する。だから、温度計がついたドリップポットはとても便利。さらに最近では温度を設定できる電気ケトルも多くなっていて、これもおすすめ。温度計がついていないドリップポットは、温度計でお湯の温度をはかる。温度計はデジタルのものやアナログのもの、蓋についているものがある。

05
蓋があるかどうか

ドリップポットには蓋があるものとないものがある。個人的には蓋がないほうが注ぎやすい気がするけれど、蓋があるとお湯が冷めにくい。これは淹れ方の好みしだい。

08
ドリップポットか、ドリップケトルか

ドリップケトルは火にかけてお湯を沸かしてそのままドリップできるが、ドリップポットは沸かしたお湯を移し入れてドリップするもの。つまり、ドリップポットはお湯を沸かせない。火にかけられるものは、お湯を沸かして「移す」手間がいらないし、通常のケトルとしても使える。また、ノズルが細くてドリップしやすい電気ケトルもある。温度設定ができる電気ケトルはとても便利。

07
デザイン

私がいうまでもないが、やはり自分が大好きなデザインのドリップポットを選びたい。私がコーヒー器具を選ぶときは、必ずデザインも重視する。コーヒーを淹れるときにウキウキするって大切。

カフェオレが
飲みたいとき

冬はカフェオレの回数が増える。

ちなみに、カフェオレは

ドリップコーヒーとミルクを割ったもの。

カフェラテは、エスプレッソとミルク。

つまりのところ、コーヒー牛乳。

ラテももちろんおいしいけれど

小さい頃から慣れ親しんだカフェオレは

やっぱり大好き。

カフェオレの淹れ方

ドリップコーヒーとミルクを割って作るカフェオレのレシピ。私はミルク多めで、じっくり淹れたコーヒーと割るのが好き。

01

牛乳は温める。

02

ドリッパーにコーヒー粉を入れ、基本のドリップコーヒー（P58-59）と同じ手順でドリップする。好みになるが、私はカフェオレのときは深煎りのコーヒー豆を使うことが多い。濃く抽出するために少し細めの挽き具合で。

03

お湯30mlを注いで30秒ほど蒸らし、残りのお湯を3回に分けてゆっくりと注ぐ。私は20ml → 30ml → 20mlで注ぐことが多い。

04

必ずお湯が減ってから次を注ぐ。ミルク感強めが好きなら、分けて注ぐ回数を減らす。温めた牛乳に直接ドリップしてもいい。

カップ1杯分
・コーヒー粉 … 15g
・牛乳 … 150ml
・お湯 … 100ml

05

牛乳をコーヒーに注いで、完成。

コーヒーを淹れるための
いろいろな道具

時間に余裕がない忙しいときにも
おうちでおいしいコーヒーを飲みたい。
そんなときは、ドリップより
手軽に淹れられる道具があると便利。
デザインにこだわったものも多く、なにより
違った淹れ方をするのが楽しくて、クセになる。

SteepShot

コーヒー粉とお湯を入れ、少し待ってキャップを回すとプシャーッとコーヒーが出てくる。プシャーッというのは誇大表現ではなく、蒸気の圧力がかかるため、勢いよく出てくる。簡単で安定した味が抽出できる。アウトドアにもおすすめ。

Coffee utensils
コーヒー器具

左上／フィルター部分のパーツ。右上／本体にコーヒー粉を入れる。左下／お湯を入れたら、蓋をして30秒〜1分待つ。右下／逆さにしてキャップを回せば、コーヒーが抽出される。

73

フレンチプレス

特徴は、とにかく淹れるのが簡単なことと誰が淹れても同じ味になること。コーヒー豆の油分まで抽出できて、コーヒーの味をしっかり味わえる。欠点は、お手入れがちょっと面倒なことと微粉が出てしまうこと。

上／コーヒー粉にお湯を注いで4分待つ。下／プランジャーをプレスしたらでき上がり。

AeroPress®

空気圧を利用することで短時間でコーヒーを抽出できる。味はフレンチプレスとドリップの中間くらい。ほどよいコクと味わいが私はとても好き。アウトドアでもよく使われる。カップにそのまま抽出することもできる。

上／コーヒー粉を入れてお湯を注ぎ、撹拌して30秒〜1分待つ。下／器具をセットし上からギューッとプレスする。

「ゆっくりドリップを楽しむのもいいけれど
安定しておいしいコーヒーが簡単に作れるのも、大きな魅力」

74

Coffee utensils

コーヒー器具

DELTER COFFEE PRESS

お湯をプレスして粉に通し、抽出する器具。エアロプレスと似ているが、どちらかというとドリップと同じ仕組み。メモリがあるので、コーヒー粉の量さえはかればスケールは必要ない。一度慣れてしまえばとても使いやすい。私はよく使っている。

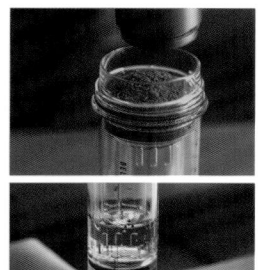

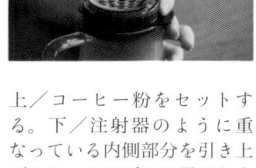

上／コーヒー粉をセットする。下／注射器のように重なっている内側部分を引き上げると、その下にお湯がたまる。プレスするとお湯が粉に向かって落ちていく。

クレバードリッパー

つけおくことができるタイプのドリッパーという感じ。これも誰が淹れても同じ味になる。フィルターを通すので微粉は出ず、すっきりとした味。あと片づけが通常のドリッパーと同じでラクなのもいい。

上／フィルターをセットし、粉とお湯を入れて4分待つ。下／サーバーにのせると、自然にコーヒーが落ちてくる。

エスプレッソを
楽しみたい

ちょっと気分を変えて
いつもとは違うコーヒーを味わいたい。
そんな日は、エスプレッソを楽しんでみたい。
マキネッタで淹れるコーヒーも
本格エスプレッソも
おうちでエスプレッソを
楽しむ時間はまた格別。

Espresso maker
エスプレッソメーカー

「エスプレッソを淹れることができるとコーヒーアレンジの幅が広がる。おうちでエスプレッソ、ぜひ！」

Flair PRO2

ポータブルなのにトップバリスタが淹れるような本格的なエスプレッソを楽しめる。挽き具合や粉の量のバランスをうまくつかめば、極上のおいしいエスプレッソを味わえる。とにかくコーヒー好きにはたまらない器具。

ALESSI MOKA

直火式エスプレッソメーカー。本体はアルミニウム製で、ステンレス製で淹れたものに比べて、豊かでまろやかな風味に。このデザイン、私はとても好み。持ち手がグレーなところとか、直線的ながらかわいらしい雰囲気とか。毎日使いたい。

Bialetti Brikka

ビアレッティはモカエキスプレスが有名だけれど、これは特殊バルブ内蔵で、人工的にクレマを作れる。粉と水をセットして弱火にかければブシューッという音とともにコーヒーができ上がる。淹れるのも楽しくて好きな器具。

ROK EspressoGC

パーツが少なくてお手入れも簡単。毎朝気軽に使えるほど手軽で、おいしいエスプレッソを楽しめる。細部にこだわった見た目がカッコいい。ROK はコーヒーグラインダー（ミル）もあり、手動でもふわふわの極細に挽けるのでおすすめ。

マキネッタでの淹れ方

イタリアでは、どの家庭にもあるマキネッタ。
最初は使い方に少し戸惑うかもしれないけれど、簡単に淹れられて、お手入れも手軽。

01

付属の計量カップで水をはかる。

02

ボイラーに水を入れる。

03

コーヒー粉をセットする。粉の挽き具合はエスプレッソ用ほど細いと抽出できないので注意する。ドリップよりかなり細めに挽いた細挽き。粉をギュッとプレスして押し込むとお湯が上がってこないので、プレスはしない。普通に入れてすりきる。

縁に粉がついていると空気がもれてしまうので、粉がつかないように気をつけてボイラーにセット。

04

ボイラーに本体をセットする。間から空気がもれないよう、しっかり締めるのがポイント。

05

火にかける。底の面積より火が小
さくなるくらいの弱火にする。
※慣れるまではキッチンで淹れる
のがおすすめ。

06

コーヒーが抽出されたら火を止め
てでき上がり。コーヒーが飛ぶこ
とが多いので、蓋を閉めて抽出し
たほうがいい。

\ **My favorite item** /

スイッチを押している間だけ動く仕組み。
少しコツがいるが、自分なりにいろいろ
試してみるのも楽しい。

飲んでみると、ミルクがなめらかで口当
たりがよくておいしい。家でラテが手軽
に飲めるってやっぱりいい。

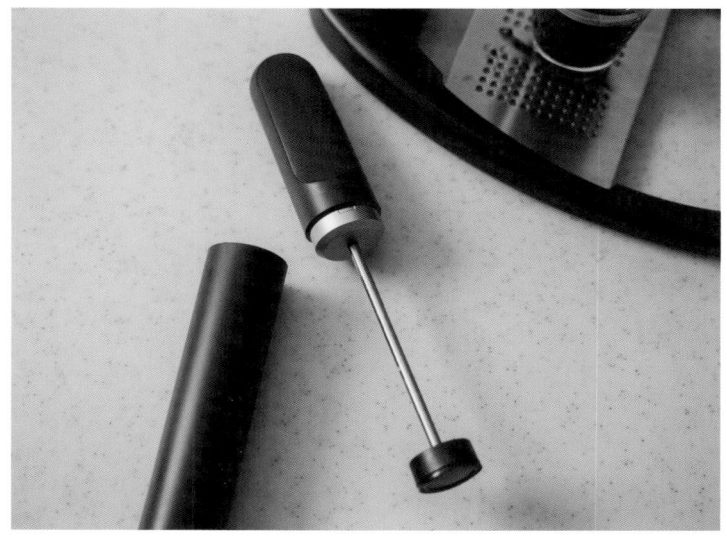

Nano Foamer

驚くほどなめらかなマイクロフォームミルクを作ることができる。ラテアー
トができるほどのきれいなミルク。ラテアートしなくてもクリーミーで味が
しっかりおいしい。防水仕様になっていて丸洗いできる。ミルクフォーマー
はミルクが飛んで汚れやすいので、丸洗いできるのは本当に便利。

ブラウンシュガーラテ

やさしい甘さと少し香ばしい表面がおいしいデザートドリンク。砂糖を焦がすのが手間だけれど、バーナーが家にあればぜひ作ってみてほしい。やってよかったと顔がほころぶ味。

材料と作り方

温めた牛乳200mlをミルクフォーマーなどで泡立てる。ティースプーン1杯のブラウンシュガーにエスプレッソ60ml、泡立てた牛乳を注ぐ。ブラウンシュガーをたっぷり振り、バーナーでカリッとするまであぶる。

エスプレッソソーダ

カフェでは夏に注文することが多いけれど、家では夏も冬もよく飲んでいる。ピザやポテトフライ、スナック菓子を食べるときは炭酸が欠かせない、私の定番レシピ。

材料と作り方

氷をたっぷり入れたグラスに炭酸水60〜70mlを注ぐ（じつはいつもは適当）。レモン汁大さじ1、シロップ大さじ1を加え、淹れたてのエスプレッソ約30mlを一気に注いででき上がり。よく混ぜて、ぜひ。

80

抹茶エスプレッソラテ

じつは抹茶も大好き。抹茶ラテにエスプレッソを加えると抹茶風味の中にコーヒーの苦みがほんのり。エスプレッソの分、少し重くなって、1杯飲むだけでおなかも心も大満足。

材料と作り方
抹茶をティースプーン小さじ1、練乳小さじ2、温めた牛乳150ml、エスプレッソ30～60ml（量は好みで）をピッチャーなどに入れてよく混ぜる。抹茶がきれいに混ざらないので、私はミルクフォーマーで混ぜている。エスプレッソはあとから注いでも。抹茶好きなら抹茶をたっぷり振って。

カフェモカ

いろいろ試したけれど、チョコと合わせるならエスプレッソじゃないとコーヒーが負ける。だから、カフェモカはエスプレッソを淹れたときに飲める特権。チョコの量は気分で。

材料と作り方
好みの量のチョコレート（私はいつも2かけくらい）に熱々のエスプレッソ30mlを注いで混ぜる。温めた牛乳150mlを注ぎ、マシュマロをのせてココアパウダーを振る。カカオ強めのチョコを使って、甘さはマシュマロで調整。とろりと溶けたマシュマロとの相性は最高！

エスプレッソカラメルプリン

プリンは私の中で一番簡単なおやつ。卵と牛乳と砂糖を混ぜて蒸すだけ。エスプレッソカラメルはコーヒーが好きなら本当におすすめ。口に入れたとたん、ふわっとコーヒーが香る。

材料と作り方（2個分）
エスプレッソと砂糖各大さじ1を鍋で煮詰めてカラメルを作る。牛乳140mlを電子レンジ（500W）で1分20秒温める。卵1個と砂糖大さじ1をよくすり混ぜ、温めた牛乳を少しずつ加えて混ぜる。プリン容器にカラメル、プリン液の順に入れ、蒸し器で極弱火で12分蒸し、表面が固まったらでき上がり。冷蔵室で冷やして食べる。

暑い日の
アイスコーヒー

うちでは水出しコーヒーを作り始めると
夏が近づいてきたサイン。
じめじめしていても、溶けそうに暑くても
キンキンに冷えたアイスコーヒーを飲めば
なんだか気持ちもすっきり。
アイスコーヒーといっても
淹れ方はさまざま。
味わいもそれぞれ違ってくる。

淹れたての香りや味わいをそのままアイスコーヒーにできるのが急冷式。

水出しコーヒーは時間がかかるけれど、味がまろやかなのが特徴。

抽出したコーヒーを急冷する方法。氷を入れたサーバーにドリップしても、氷たっぷりのグラスに熱々を注いでもいい。

グラス1杯分
・コーヒー粉 … 15g（中細挽き）
・お湯 … 120ml
・氷 … 90 〜 120g

こんな淹れ方も

濃いめに淹れたコーヒーなら、フレンチプレスや浸漬式のドリッパー（P73-75参照）でも。氷をたっぷり入れたサーバーやグラスに淹れたてのコーヒーを一気に注ぐ。

01

サーバーに氷を入れる。あればロックアイスがおすすめ。味もいいし、見た目もきれい。溶けにくいので、薄まりすぎない。

02

ドリッパーにコーヒー粉を入れて平らにならす。挽き具合は細くしたほうが濃く抽出できるので調節する。氷で薄まることを考えて、濃いめに淹れる。アイスコーヒーに使うコーヒー粉は浅煎りでも深煎りでも好みで。

03

お湯30mlを注ぎ、ぷくぷくがおさまるまで30秒〜1分蒸らす。アイスコーヒーは少し長めに蒸らしている。中心からお湯30mlを渦巻きを描くようにゆっくり注ぎ、完全に落ちきる前にお湯40mlを全体に注ぐ。深煎りのときはよくふくらむので、層を作るように中央にだけ注ぐ。

04

最後にお湯20mlを中央に注ぐ。ドリッパーを回して粉全体に行き渡らせ、落ちきるのを待って完成。夏はやっぱりアイスコーヒーが最高。

コーヒー粉を水につけておくタイプの水出しコーヒーは、フィルターのついた器具を使うほか、器具がなくても簡単に作れる。

約 500ml 分
・コーヒー粉 … 40g
・水 … 500ml

01

コーヒ粉をボトルに入れ、水を注ぐ。これはIKEA のボトル。挽き具合は中挽き〜中粗挽き。

02

軽く混ぜ、冷蔵室で8〜12時間置く。

03

ペーパーフィルターで濾す。

04

まろやかでおいしい水出しコーヒーができ上がる。すでに冷たいので、グラスには少しの水でいい。

こんな淹れ方も

カルディなどの水出しコーヒー用パックやお茶パックを使ってもいい。コーヒー粉をパックに入れて水につけておくだけ。これも冷蔵室で8時間ほど。パックで作るコーヒーはまろやかで微粉もなく、すっきりしている。

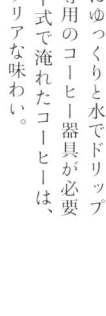

滴下式

点滴のようにゆっくりと水でドリップする方法。専用のコーヒー器具が必要になる。滴下式で淹れたコーヒーは、まろやかでクリアな味わい。

01

コーヒー粉をセットする。BRRREWER の場合は、ぬらした専用ペーパーフィルターを底にセットしておく。

02

粉全体が湿るくらいの水を入れ、表面を平らに。その上に、ぬらした専用フィルターを置く。こうすると、水がコーヒー粉にまんべんなく行き渡る。

03

水をセットして待つだけ。暑い時期は氷を入れても。

04

5時間ほどで完成！

使ったのはこの器具

BRRREWER

コーヒー粉を抽出する上下にフィルターをセットするのが特徴。このフィルターはくり返し何度も使えて、とても便利。落ちる水の量を調節できて、好みの味に淹れられる。おしゃれなデザインに加え、簡単にセットできる使いやすさも大きな魅力。

アイスカフェオレで
幸せ気分

暑い季節には
たっぷりの氷で冷やした
アイスカフェオレが無性に飲みたくなる。
私はハニートースト、
ドーナツ、あんぱんなど
素朴なものと合わせるのが好き。
ごくごくいきます。

アイスカフェオレの淹れ方

淹れ方が違うだけで、同じコーヒーを使っても味わいは全然違う。ぜひ好みの味を見つけてみて。

ドリップ式

ドリップコーヒーで作るアイスカフェオレのレシピ。氷とミルクで薄まるので、コーヒーはしっかり濃く。

01

サーバーにたっぷりの氷と牛乳を入れる。豆の挽き具合は、いつもより少し細めの中細挽きに。

02

サーバーにドリッパーとコーヒー粉をセットする。全体が湿るくらいのお湯（92℃くらい・約30ml）を注いで30秒蒸らす。合計で80mlになるまで数回に分けてお湯を注ぐ。中心に円を描きながらお湯が減ってきたら注ぐ、のくり返し。蒸らし終わってから抽出までの時間は1分30秒〜2分が目安。

03

よく混ぜて完成。

グラス1杯分
・コーヒー粉 … 17g
・牛乳 … 100ml
・お湯 … 80ml
・水 … 適量

抽出式

冷たいミルクで抽出するので、やさしい味に。とてもまろやかなコーヒー牛乳ができ上がる。

01

コーヒーパック（お茶パックでもよい）にコーヒー粉を入れる。これはカルディの水出しコーヒーパック。この淹れ方で作るときは、フルーティなコーヒー豆を使うことが多い。挽き方は好みで（私は粗挽き）。

02

あとは牛乳を注ぐだけ。密閉して冷蔵室で8〜12時間置けば完成。

グラス1〜2杯分
・コーヒー粉 … 20g
・牛乳 … 300ml

アウトドアで
コーヒーを楽しむ

いつもはおうちでコーヒーを楽しむけれど
おいしい空気と心地よい風を感じながら
飲むコーヒーはまた格別。
アウトドアコーヒーは
まだまだ初心者だけれど
いろいろな器具を試してみると
毎回新たな発見がある。

Outdoor coffee utensils

アウトドアコーヒー器具

oceanrich G1※

コードレスなので充電さえしておけば、どこででもコーヒー豆が挽ける。ボタンを押せばほったらかしでも、挽き終われば自動でストップ。特に子どもと一緒だとバタバタしがちなアウトドアでは重宝する。

HARIO スマートG

定番のセラミック刃のミル。持ち運びがしやすく、挽きやすくて手軽。粉受けにはメモリもついているのでアウトドアにぴったり。

トランギア ケトル

見た目がかわいくて購入したトランギアのケトル。定番だけあって、やっぱり使いやすい。

sosogu_

セットするだけでケトルがドリップ仕様になる。これはトランギア用だけれど、違うケトルに合うサイズもある。わざわざドリップケトルを持っていかなくていいのは本当に便利。もちろん注ぎやすい。

カフラーノ クラシック

このセットひとつでコーヒーミル、ドリップポット、ドリッパー、マグカップの役割を果たしてくれる。とにかくコンパクトにおさめたいけれどミルは必須！という人におすすめ。

RIVERS ウォールマグ スリーク＆マイクロコーヒードリッパー

マットな質感のタンブラーはポリプロピレン製。タンブラーにドリッパーをセットしてドリップできる。フィルターはステンレスメッシュ。

※ oceanrich G1 は販売終了で、後継機種は G2 モデルです

part.4

豆選びと
アレンジコーヒーと
おとものレシピ

豆はどう選ぶ？

淹れ方で味が変わるとはいえ、
やはりコーヒーの味を決める最大の要因は
コーヒー豆のおいしさ。
おいしいコーヒー豆とは
新鮮で、適切に焙煎されていること。
そしてなにより
自分好みの味であること。
結局は自分の好きなコーヒーが
一番おいしいコーヒーで間違いない。

自分に合った豆を選ぶ

好きな味は人それぞれ。
コーヒーだって同じこと。
おいしいコーヒー豆を選ぶために
まずは自分好みのコーヒー豆を
知ることから始めてみる。

「浅煎り」か…

たいていのコーヒーショップは、「浅煎り」をメインに
しているか、「中煎り〜深煎り」をメインにしているか
で分けられると思う。端的にいうと、浅煎りは酸味が強
めのコーヒー、深煎りは苦みが強いコーヒー。日本では
浅煎りが苦手な人も多いと思う。
同じ深煎りでもその焙煎具合はお店によって大きく異な
る。極深煎りを好むなら、深煎りをメインにしたお店で
ないと手に入らない。浅煎りをメインにするお店でも深
煎りのコーヒー豆を売ってはいるけれど、「浅煎りメイ
ンのお店の深煎り」はやはり浅め。

「深煎り」か

コーヒー豆は産地などによって確かにフレーバーに違い
はあるけれど、私はまず、深煎りが飲みたいか、浅煎り
が飲みたいかによって、お店を決める。
ちなみに、私は基本的には浅煎りが多いけれど、ずっと
浅煎りだと、どうしても深煎りや中煎りを飲みたくなっ
てしまう。だから浅煎り、中煎り、深煎りと、気分に応
じてまんべんなく買って飲んでいるほうだと思う。私は
量を飲むうえ、味に飽きやすい。だから、まんべんなく。

コーヒー豆を買う

味で選ぶなら、やはりコーヒーショップがおすすめ。
私が基準にしているショップの選び方を。

01
豆の情報

おいしいコーヒーショップの豆には、豆の情報がしっかり書かれていることが多い（シングルオリジンの場合）。たとえば農園の名前や生産者の名前など。正直いうと、産地の名前までは覚えられるけれど、数ある農園の名前まですべては覚えられない。だから、ここの農園の豆を扱っているから買うとかではなく、ここの農園のこういうコーヒー豆を使っていますと「ちゃんと書いてくれている」ことを参考にしている。

02
焙煎日

コーヒー豆はやはり鮮度が命。新鮮ではないコーヒーは、香りやフレーバーが味けない。日数がたってしまったコーヒーは、風味はもちろん、香りも顕著に違ってくる。私は焙煎日から20日くらいまでに飲みきることを目標にしている。だから、焙煎日を書いてくれていると鮮度を把握できて、助かる。

PostCoffee

コーヒー診断をして好みに合ったコーヒーをサブスクで送ってくれる。日本国内の人気ロースターのコーヒー豆のほか、海外の有名ロースターのコーヒー豆も飲める。毎回注文しなくても定期的に届くサブスクは想像以上に便利。https://postcoffee.co/

COFFEE UNIDOS

福岡・糸島にあるお店。私が好きなカフェ（COFFEE & CAKE STAND LULU）でも使用されているほか、以前に期間限定で発売した私のオリジナル中煎りブレンドでも使わせてもらった。どのコーヒーを飲んでも安定しておいしい。http://tanacafe.jp/

FILTER SUPPLY

私の初めてのオリジナルブレンドを作ってもらったお店。1杯ずつ、とても丁寧に淹れてくれて、そのコーヒーが私の味覚にとても合っていておいしい。瓶に入っているのもおしゃれで、ギフト用にもおすすめ。https://hifiltersupply.stores.jp/

COFFEE COUNTY

私が浅煎りを好きになったきっかけのコーヒーショップ。どのコーヒーも文句なくおいしいが、ハッとさせてくれるほどおいしいコーヒーに出会うことも多く、浅煎りといえばまず思い浮かべるお店。https://coffeecounty.cc/

豆香洞コーヒー

私がコーヒーにはまり出したきっかけともいえるお店。バランスのいいコーヒーが多く、どれも安定したおいしさで、深めを飲みたくなったら最初に思い浮かべる。エスプレッソ用の深煎り豆はたいていここで購入している。https://tokado-coffee.shop-pro.jp/

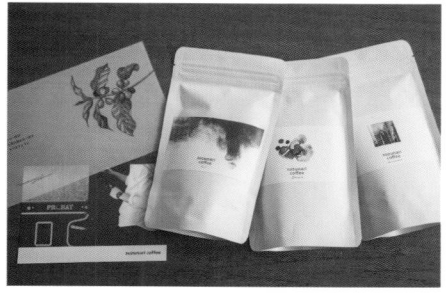

suzunari coffee

SNSでたまたま知ってなにげなく注文したら、パッケージやボックスも素敵なうえに、コーヒーの味もとても好みでおいしかった。私は浅めのコーヒーが好き。ギフト用としてもかなりおすすめ。https://shop.suzunaricoffee.com/

「近くのコーヒーショップはもちろん、オンラインでも。お取り寄せするコーヒーショップの情報はSNSと雑誌から」

お手軽なインスタントやドリップバッグも各ショップやメーカーから発売されている。簡単においしいコーヒーが飲みたい日も、やっぱりある。

ブルーボトルコーヒー
ノラベース

コーヒーショップのコーヒーベースは、牛乳で割るだけでおいしいコーヒー牛乳が飲めるから、あるとやっぱり手が伸びる。

LULU
ドリップバッグ

好きなカフェやショップのドリップバッグがあると、とにかく簡単においしいコーヒーを飲みたいときに、やっぱり便利。パッケージがかわいいとさらにうれしい。

ネスレ スターバックス®
プレミアム ミックス

定番のスターバックス®のラテタイプのスティックコーヒーは、ほどよい甘さで私好みのものが多い。お湯で溶くだけでカフェモカやカフェラテが飲めるので、重宝している。

「味はもちろん、
パッケージがかわいかったりすると
それだけでウキウキする。
たまには手軽に
コーヒーを楽しむのもあり」

タカムラコーヒーロースターズ
デカフェ

普段デカフェはあまり飲まないので、豆を
買うと余ってしまう。だから、私にはドリッ
プバッグがちょうどいい。おいしいコーヒー
ショップのデカフェはやっぱりおいしい。

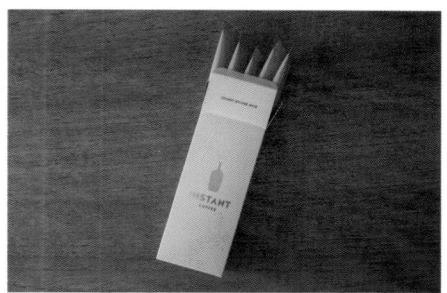

ブルーボトルコーヒー
インスタントコーヒー

インスタントとは思えないブルーボトルのイ
ンスタントコーヒー。さっと溶けて一瞬でお
いしいコーヒーができ上がる。普段ドリップ
をしない友人へのプレゼントとしても。

DEAN & DELUCA
アイスコーヒー アーリーバード

めずらしい浅煎りのリキッドコーヒー。リキッ
ドコーヒーというとなんとなく深煎りのイ
メージが強い。浅煎りコーヒーが好きな友人
宅におじゃまするときに持っていくことも。

キーコーヒー 水出しコーヒー

私が最初に作った水出しコーヒーがこれ。
ペットボトルのものを買うなら、これで水出
しを作ったほうが断然おいしい。小分けに
なっているので簡単に楽しめる。

ベトナムコーヒー

インスタントで簡単に淹れられるベトナム
コーヒー。ゆっくり淹れるのが特徴のベトナ
ムコーヒーだけれど、とにかくすぐ飲みたい
ときにこっくり甘いあの味を楽しめる。

豆をおいしく
保存するには？

コーヒー豆の保存方法に少し気をつけておくだけでも
毎日飲むコーヒーのおいしさは変わってくる。
できる範囲で最適な保存を。

01

光を遮る

コーヒー豆の保存に影響を与えるのは、光、水分、酸素、温度の4つ。なかでも紫外線は、コーヒーの色調や風味に影響を与える。直射日光ほどの影響はないけれど、蛍光灯でも劣化は進むので、できるならどちらも避けたほうがいい。

03

常温か、冷蔵庫か

温度が高いとコーヒー豆は劣化しやすいので、冷暗所での保存がベスト。ただ、冷蔵室や冷凍室から出し入れするとコーヒー豆に湿気がつく。焙煎した豆の水分は最大3%くらい。そこに湿気が発生すると、ここぞとばかりに吸湿してしまう。毎回これをくり返していると豆の劣化は早くなる。冷蔵室で保存するなら、毎回使う分量ずつ小分けにして密閉するのが理想。

02

密閉する

酸素に触れないよう密閉した容器に保存するのが重要。また、コーヒー粉は空気に触れる面積が豆より大きくなるので、酸素による劣化速度が早まる。劣化が気になるなら、やはり粉より豆がいい。

結局のところ…

コーヒー豆の鮮度を保つためには、先述した条件を満たすことが必要だけれど、どこまでこだわるかは人それぞれ。私は基本的には常温で密閉保存して、多めに買ったものは袋のまま密閉して冷凍。冷凍室から出したときに一度湿気が出るけれど、そこは仕方ないとして、あとは常温に置いて飲みきっている。

そして、保存容器は毎日使うものだから、使いやすさも大切にしている。私は一日に何度もコーヒーを淹れるので開閉しやすいものが使いやすいし、洗いやすいものもおすすめ。いろいろな豆を購入するなら、容器のサイズもいろいろあると便利。

シービージャパン

ホウロウは扱いやすくてお手入れがラク。これはシリコンのパッキンがついていて、完全密閉ではないかもしれないけれど、ある程度密閉できて、開閉もとてもラク。ちなみにスタッキングもできる。デザインもかわいい。

KINTO

コルク蓋でふさぐので、しっかり押し込む必要がある。コーヒー豆には光を当てないほうがいいのはわかっているけれど、残量がひと目でわかるのは便利。コーヒー豆が入った姿はかわいくて、実際かなり愛用している。

コーヒーショップの瓶で遮光できるものは、そのままリユースしている。

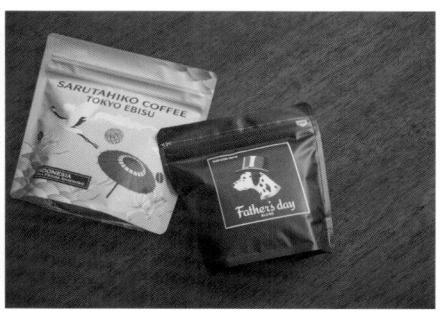

密閉できる袋に入っているショップのものは、このまま保存。

気分を変えて楽しむ
アレンジコーヒー

寒くなってくると
こっくり甘いコーヒーが飲みたくなったり、
蒸し蒸しと暑い日は
さっぱりさわやかな味を楽しみたい。
その日の天気や気分によっても
飲みたいコーヒーは違ってくる。
そして、いつもとひと味違うコーヒーを
作るのも、また楽しい。

コーヒーゼリーミルク

コーヒーゼリーを作るときは、味を安定させるため浸漬式（つけおくタイプ）の器具で淹れることが多い。こうやって牛乳と合わせるとき、私は深煎りで。ここは好みでどうぞ。

材料と作り方

コーヒー粉15gをお湯220mlでじっくり抽出し、水大さじ1でふやかした粉ゼラチン3g、砂糖大さじ1を加えて溶かし、冷蔵室へ。固まったら牛乳（好みの分量）を加え、ゼリーをくずしながら混ぜる。

コーヒーフロート

アイスコーヒーにアイスクリームをのせる
だけ。なのだけれど、家で作るなら、チョ
コアイスでも抹茶アイスでものせ放題。簡
単だから、家でこそ My コーヒーフロートを。
材料と作り方
コーヒー粉 16g をお湯 100ml で濃いめに抽
出し、氷をたっぷり入れる。コーヒーからは
み出した氷の上に好みのアイスクリームをの
せる。こうしてアイスとコーヒーがすぐ混ざ
らないように作ると、コーヒーもアイスも、
混ぜたものもゆっくり楽しめる。

シナモンコーヒー

浅煎りが好きだけれど、牛乳や生クリームと
合わせるのは深煎りのほうがおいしい。この
コーヒーのときは必ず深煎り。じっくり淹れ
たコーヒーにたっぷり甘いクリームが合う。
材料と作り方
コーヒー粉 13g をお湯 180ml でじっくり抽出
する。生クリーム 50ml に対して砂糖小さじ 1
を加えて泡立てたものをのせ、シナモンパウ
ダーを振る。生クリームはコーヒーに入れる
と溶けるので、かために泡立てたほうがいい。

フルーツコーヒー

浅煎りコーヒーに好きなフルーツとシロップを入れ
るだけ。ポイントはコーヒーをあっさりめに淹れる
ことと、甘さ控えめにしないこと。
材料と作り方
カットしたフルーツとシロップをアイスコーヒーに
入れてよく混ぜるだけ。好みだけれど、私はコーヒー
粉 20g をお湯 220ml で抽出し、シロップ大さじ 2 を
加えて氷で冷やした浅煎りアイスコーヒーを使うこ
とが多い。最近はアガベシロップがお気に入り。

次の日のカレーホットサンド

カレーを作った次の日はホットサンドにすること
が多い。ポイントはお肉や野菜を残しておくこと。
わが家はお肉が大好きなので、次の日のことも考
えてお肉多め。チーズによっても味が変わるので、
いろいろ組み合わせてみると楽しい。

材料
食パン … 2 枚
残ったカレー … 適量
好きなチーズ … 適量（私は溶けるチーズやチェ
　　　　　　　　ダーチーズを使うことが多い）

作り方
1　カレーの具を小さな鍋にとり出し、水分がとぶま
　　で軽く炒めて、冷ます（じゃがいもが入っている
　　と、とろみが出やすい）。
2　食パンにカレーの具とチーズをたっぷりはさむ。
3　ホットサンドメーカーで焼く。
　　※ホットサンドメーカーがない場合は、パンの耳
　　　を切り落とし、端をフォークで閉じてオーブン
　　　トースターで焼いてもよい。

コーヒーのおともレシピ

おいしいコーヒーを淹れたら
一緒に楽しみたいのが「コーヒーのおとも」。
わが家でよく作るレシピは
どれもコーヒータイムの愛しい脇役たち。

Recipe **02**

かぼちゃのスープ

旅行先でとても疲れていたときに飲んだかぼちゃのスープが感動的
においしくて、家でもよく作るようになった。そのスープにはキヌ
アが入っていて、食感がいいアクセントに。シンプルだけれどキヌ
アが入っているから、スープだけでも満足できる。

材料

バター … 10g	顆粒コンソメ … 小さじ 2
玉ねぎ … 1/2 個	牛乳（または生クリーム）… 100ml
かぼちゃ … 1/4 個	パセリ（みじん切り）… 適量
キヌア … 大さじ 2	オリーブオイル … 適量
塩、こしょう … 各適量	生クリーム（あれば）… 適量

作り方

1 鍋にバターを溶かし、薄切りにした玉ねぎを炒めて塩、こしょうを振る。
2 玉ねぎがしんなりしたら、一口大に切ったかぼちゃとひたるくらい
　の水を加える。
3 コンソメを加えてコトコト煮る。
4 かぼちゃがやわらかくなったら、ブレンダーなどでつぶす。
5 キヌアを加え、極弱火で 10 分ほど煮込む。
6 牛乳を加え、塩で味をととのえる。
7 器に盛り、パセリを散らし、オリーブオイルとあれば生クリームを
　たらす。

Recipe **03**

コーヒーの
おとも
レシピ

Recipes
to go with
coffee

わが家のホットドッグ

母の味のホットドッグ。シンプルでレシピとして紹介するのも恥ず
かしいくらいだけれど、私の中でホットドッグといえばこの味。お
しゃれさはまったくないけれど、ほっとする味。キャベツたっぷり
だから、娘たちにもよく作る。

材料
コッペパン … 1本
ウインナソーセージ … 長めのもの1本
キャベツ … 適量
トマトケチャップ … 適量
マヨネーズ … 適量

作り方
1　キャベツはせん切りにしてゆでる。
2　ウインナは弱火でじっくり焼く。
3　コッペパンに切り込みを入れ、ケチャップを塗る（線をすっと引く
　　くらいの量）。
4　水けをきったキャベツをたっぷりはさみ、ウインナをのせる。
5　マヨネーズをたっぷりかける。
6　オーブントースターでパンがカリッとなる程度に焼く。

フレンチトースト

フレンチトーストを食べるようになったのは、家族にリクエストを
されてから。いろいろ試した結果、卵液は甘くせず、砂糖を振って
から焼いてカリッとさせるのが、わが家の定番に。好みでメープル
シロップをたっぷりと。

材料
卵 … 1 個
牛乳 … 100ml
好みのパン … 1 〜 2 枚
バター … 10g
好みの砂糖 … 適量
メープルシロップ（好みで）… 適量

作り方
1 卵と牛乳をよく混ぜ、パンを 15 分ほどひたす。
2 フライパンにバター 5g を溶かし、パンを弱火〜弱めの中火でじっ
くり焼く。
3 ほどよく焼き目がついたら上下を返し、残りのバターを加えて焼く。
※中までしっかり火を通すのがポイント。
4 仕上げに砂糖を振り、火を少し強めて砂糖が溶けるまで焼く。
※器に盛って少したつと砂糖がパリパリになるのが理想。
5 好みでメープルシロップをかける。

Recipe **05**

コーヒーの
おとも
レシピ

Recipes
to go with
coffee

いちじくと生ハム

私は大の生ハム好き。フルーツと生ハムをおいしく感じるように
なったのは、大人になってからの気がする。いろいろなフルーツと
食べるけれど、特にいちじくとの組み合わせが好きで、いちじくの
季節には必ず食べる。

材料
いちじく … 1 個
砂糖 … ティースプーン 1 杯
生ハム（おすすめはハモンセラーノ）… 適量
好みのパン（バゲットなど）… 適量

作り方
1 いちじくは砂糖を軽くまぶし、オーブントースターで 5 〜 10 分焼
　く。
　※甘いいちじくには砂糖なしでも。
　※水分が出るのでアルミホイルなどを敷く。
　※ 10 分ほど焼くととろとろになるが、好みの焼き加減で（私は軽
　　めに 5 分弱が好き）。
2 器にパンと生ハム、いちじくを盛る。
3 いちじくをフォークでつぶしてパンにのせ、生ハムとともに食べる。

カリカリパンチェッタとブルーチーズの
サンドイッチ

薄切りのおいしいパンチェッタを近くのお店で買えるようになり、
はまっている。パンチェッタを手に入れたらぜひ。私はブルーチー
ズが好きだけれど、しょっぱめなので、パンは少しハードなものが
おすすめ。イギリスパンで作ることが多い。おつまみにも。

材料
パンチェッタ … 3枚
ブルーチーズ … 適量
食パン … 2枚

作り方
1　パンチェッタはフライパンでカリカリに焼く（弱火でじっくり）。
2　トースターで焼いたパンにブルーチーズとパンチェッタをはさむ。

私がよく購入するブルーチーズはダナ
ブルー。クセが強すぎず、お手頃で購
入しやすい。

107

コーヒーの
おとも
レシピ

Recipes
to go with
coffee

Recipe **07**

チョコとラズベリーのトースト

チョコをのせて焼くだけで最高においしいトースト。ベリー系の
ジャムを合わせるとアクセントになって、とてもおいしい。市販の
ジャムはもちろん、冷凍のミックスベリーで甘さ控えめのジャムを
作って合わせることも多い。甘すぎないジャムがおすすめ。

材料
食パン … 1枚
好みのチョコレート … 適量
ベリー系のジャム … 適量

作り方
1 食パンにチョコを手で割りながらのせる。
2 オーブントースターでチョコが溶ける程度に焼き、チョコを全体に
　塗り広げる。
3 ジャムをつけながら食べる。

メロンバニラ

小さい頃、シャービックのメロン味が大好きだった。その影響なのか今もメロン牛乳が大好き。大人になって、ちょっと贅沢にメロンとバニラアイスをミキサーで。甘いメロンはもちろん、少し甘みが足りないメロンでもおいしい。

材料
メロン … 1/4 個（正味 150 〜 200g）
バニラアイスクリーム … 大さじ 1 〜 2（30 〜 50g）
※メロンの甘さに応じてアイスの量を調節する。

作り方
1 トッピング用にメロンの中心の甘い部分をスプーンなどでくりぬく。
2 残りのメロンを皮に近い部分まで切り、アイスと一緒にミキサーにかける。
   ※水分が足りないと感じる場合は牛乳を加えても。
3 グラスに注ぎ、くりぬいたメロンとアイス（分量外）をのせる。

part.5

インテリアと
収納と
暮らしの愛用品

「ここでコーヒーを飲み
たい！」と衝動買いし
たコーヒーテーブル。
ヴィンテージものでか
なり古いけど、リペア
しながら大事に使って
いきたい。

コーヒーを楽しむ空間

私は普段コーヒーに関する
ブログを書くことを仕事にしている。
家族は娘2人を含めた4人で
のんびり暮らしている。
いつもコーヒーを飲みながらゆっくりする
リビングのテーブルとソファだけは
大好きな憧れの家具で。

いつもこのソファに座って、だらりとテレビを見たりゲームをしたり。模様替えもするけれど、結局テレビの正面にソファがくる。

ソファもテーブルも同じデザイナー、ハンス・J・ウェグナーによるもの。ヴィンテージの家具屋さんで購入。小さかった娘たちがたくさんこぼすことを見越して、ソファは合皮のカバーに変更。

帰ってきてバッグを置いたり、土日に洗って月曜に持っていく体操服も置いてある。とりあえずの何でも置き。

「いつも撮影しているリビングの後ろは私の作業場。大きな本棚には家族が好きに本を置いている。コーヒーの本もね」

飲み物のストックやちょっとした撮影道具、使っていないコーヒー器具は階段下の収納へ。

キッチンとリビングの間にあるダイニング。テーブルは下の天板を引き出せば大きくできる。椅子もテーブルもヴィンテージ。

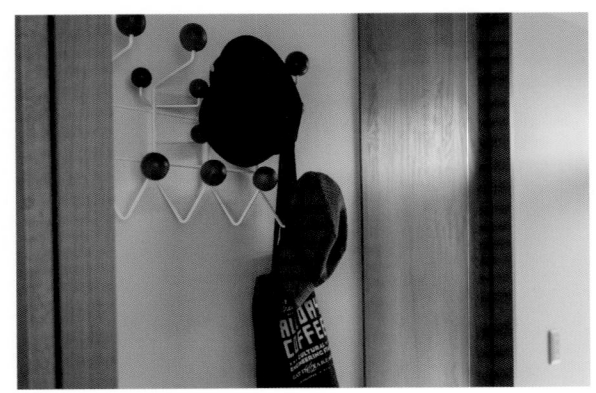

玄関に下駄箱以外の収納がないので、帽子と小さなバッグをかけるために設置。イマイチうまく使いこなせていない気がする。

奥の壁一面は本棚。最近、読まない本を整理したところ。またたくさんの本で埋め尽くしたい。

畳の部屋になるはずだったスペースは、そのままリビングの続きに。娘たちの勉強用に机をつけたけれど、結局私が一番使っている。

漫画は電子書籍で買うので、基本的には雑誌や夫のビジネス書がほとんど。気に入った料理本は電子書籍ではなく本で買うことが多い。

iPadなどの充電グッズは机の下に置くことに。無駄なケーブルも見えなくなって、机の上が散らかるケーブル問題も一段落。

最近作ったベランダ
のくつろぎスペース。
家具はすべて IKEA。
だらりとしたいから、
ゆったりもたれかかれ
る椅子が絶対条件。

コーヒーを飲むのはも
ちろん、日の光を浴び
ながら外を見てのんび
りと。私の癒やしス
ペース。

「半屋外のベランダで楽しむコーヒーは
気分も変わって、またひと味違う気がする」

広げられるテーブル
は、夜ごはんを食べる
とき用。ちょっと気分
を変えたいときは家族
でここでごはんを。お
しゃべりが弾む。

排気やPM2.5が多い場
所だから、ベランダに
思いきって窓を設置。
雨も降り込まず、部屋
がひとつ増えた気分。
思いきってよかった。

床もウッドタイルにし
たので、裸足のままベ
ランダへ。少しずつ植
物を増やす予定。

キッチン奥の棚。一番
上は高さのあるコー
ヒーグッズを中心に。
2段目はドリッパー、
3段目はコーヒーサー
バーとグラス類。

道具と器のおさめ方

コーヒーの道具は
形もサイズもさまざまで、収納が難しい。
とり出しやすくもしたいから
結局とにかく並べるだけに。
せめて色みは落ち着いたものをそろえて。
お気に入りが並んでいると
それだけで幸せ。

カウンター上の棚に置くものは基本的には固定。でも、購入したものなどによって定期的に模様替えをしている。

「料理スペース以外には好きなものを。結局コーヒーのものばかりになっている」

コーヒーミルは場所をとるうえ、コーヒー粉が散らかる。掃除しやすい場所が自然と定位置に。

ガラスのものが好きで
自然と増えていくか
ら、量が多め。でも、
ガラスは並べても散ら
かっていない感じにな
るのがいい。

コースターやポットマット、ランチョンマッ
トは浅めのかごに入れてとり出しやすく。

リネン類はかごにまとめてざっくりと収納。左のかごには雑多なも
のをまとめて。布をさっとかければ、ごちゃごちゃが見えない。

一番下は大きめの収納にしてスペースに余裕
を。そうじゃないとすぐに散らかっていく。

120

上／棚の上にはピッチャーとブラシを。この組み合わせ、なんともいえずかわいい。中／よく使うマドラーやブラシはできるだけとり出しやすく、しまいやすくなるよう、立てたり見えやすくしたりしている。下／大きなカッティングボードは縦長のスペースに立てて収納。

IKEAで購入したかごバスケットには、パンやシリアル、フルーツなどを。

暮らしの愛用品

日々のなにげない暮らしの中で
お気に入りの道具を手にする瞬間。
なんともいえない幸せな気分にひたれる。
私はやっぱり、ものが好き。

カトラリー

守田詠美さんのパフェスプーンとフォークは、使って
いてしみじみかわいいと感じる絶妙なデザインでお気
に入り。使いやすいことも愛用している理由。

ストウブの鍋

圧力鍋もあるけれど、時間があれば煮込み料理にはす
べてこの鍋を使っている。ちょうどいいサイズ感で使
いやすい。普段の料理に欠かせない。

お気に入りのお店のジャム

ジャムは苦手だったのが、おいしいものに出会ってか
ら大好物に。この3品は本当においしくてトーストがご
ちそうに。左から sui.、SUNDAY、DEAN & DELUCA。

広松木工の SANO ティッシュケース

意外に目立ち、インテリアの要素にもなるティッシュ
ケース。わが家はすべてこれに。私はサンドグレーを
使用しているけれど、色の種類も豊富で丈夫。

アイボリーのお皿

アイボリーはどんなものとも合わせやすく、悩んだら
手にとることが多い。特に田中直純さんのプレートは
絶妙なサイズ感で、一番よく使う。

とみおかクリーニングの洗剤

洗うたびに、衣類に付着していた洗剤などの残留物を除去してくれる。缶がかわいくて買ってみたけれど、洗ったあとの仕立てもよく、ずっと使うようになった。

「毎日の暮らしで使うものはひとつひとつ丁寧に選んで大切に使い込んでいきたい」

ハンドクリームとネイルオイル

うれしいことにたまに聞かれる手のケア方法。乾燥するとき寝る前に塗る Aēsop ハンドクリーム、爪のケア後につける OPI ネイルオイルはおすすめ。たっぷりと。

延長コード monos PLUGO

撮影で延長コードを使うことが多く、行き着いたのがこれ。巻きとって収納できるし、フックに引っかけられる。かわいらしいデザインも気に入ってる理由のひとつ。

D&DEPARTMENT の靴箱

靴箱だけれど何を入れてもいい。サイズも選べるからちょっとした小物はこれに入れて重ねておけば見た目もかわいいし収納もできて、とても重宝。

バターナイフとジャムスプーン

ジャン・デュボのライヨールのバターナイフとジャムスプーンは、家族でいつも使っている定番のもの。ナイフはバターがカットしやすくて出番が多い。

私が今までで一番つらかったことは何かと聞かれれば、「子育て」と即答します。

もともと思い立ったらすぐに行動し、好きなことだけをしていたタイプ。漫画やゲーム、アニメが好きで、仕事で一日じゅうパソコンを見ていても、つらいなんて思ったこともない。ひとりで部屋にいることが大好きでした。

娘が生まれて、自分に自由がないのがこんなにつらいとは思わなかった。自由がないつらさもあるけれど、絶対に投げ出せない責任を負った気がしてこわかったのも大いにある。毎日、早く大きくなってほしいと思っていました。

そんな私が癒やしとして求めたのは、間違いなくコーヒーだったと思います。「味」ではなくて、その「ひと息」が私にとっては大切でした。そんなかの間のひと息が、一日の楽しみとなり、習慣となり、暮らしの一部となり、今では欠かせないものとなり、「ひと息」が目的だったはずなのに、コーヒーの「味」が、「香り」が、「その空間」がとても大切になり、「コーヒーを淹れる」楽しみに、「コーヒーを淹れる」楽しみが加わって。

ちなみに今、娘たちは大きくなり、食べたいくらいにかわいくて、これ以上大きくならないでと願っていたりします。

私は普段多くのコーヒー器具を試して、紹介しているけれど、お気に入りのものをずっと長く使っていくことにも憧れます。コーヒー器具から「コーヒー」を好きになった私は、やっぱりコーヒー器具が大好き。最新のものでも、古いものでも、親が使っていたものでも、もらいものでも、欠けていても、使いにくくても、自分が愛着をもっているコーヒー器具にかなうものはない。浅煎りでも、深煎りでも、スペシャルティじゃなくても、インスタントでも、好きなものはやっぱり好き。

この本には、私のコーヒーとの暮らしを詰め込みました。自分だけの、自分にとって最高の「コーヒーのある暮らし」に近づくために、この本が何かひとつでも役立てたらとてもうれしいな、と。

私のコーヒーのある暮らしが本になるなんて感慨深く、夢のようです。私に日々の癒やしと楽しみと、ときには元気をくれたコーヒーに、いつもYouTubeやSNSを見て応援してくださる皆さんに、いつも味方でいてくれる家族に、あらためて感謝を。

minä perhonen
https://www.mina-perhonen.jp/

COFFEE COUNTY
https://coffeecounty.cc/

イッタラ（特別注文／ scope）
https://www.scope.ne.jp/

Cores（大石アンドアソシエイツ）
https://cores.coffee/

WPB
www.wpb.co.jp

Shell House
https://www.instagram.com/shell_house1025
※販売店舗：SUNDAY ／ mano cafe（http://manocafe-yore.com/）

everyday（day&day's）
https://www.day-days.com/

Kalita（カリタ）
https://www.kalita.co.jp/

HARIO
https://www.hario.com/

ブルーボトルコーヒー
https://store.bluebottlecoffee.jp/

ANAheim（DETAIL INC.）
http://detail.co.jp/brand/anaheim/

珈琲考具（下村企販）
https://www.rakuten.ne.jp/gold/simomura-kihan/coffee.html

TORCH
https://dodrip.net/

COMANDANTE（ボンタイン珈琲）
https://www.bontaincoffee.com/

1ZPRESSO（ロジック）
https://plusmotion.jp/

BARATZA（ブルーマチックジャパン）
https://www.brewmatic.co.jp/

カフラーノ
https://www.cafflano.jp/

TIMEMORE（ブランディングコーヒー）
https://0141coffee.jp/

Brewista
https://brewista.jp/

豆香洞コーヒー
https://tokado-coffee.shop-pro.jp/

COFFEE & CAKE STAND LULU
https://www.instagram.com/cacs_lulu/

ネスレ
https://nestle.jp/Starbucksathome/products/mixes/

タカムラコーヒーロースターズ
https://takamuranet.com/

DEAN & DELUCA
https://www.deandeluca.co.jp/

HIGHLANDS COFFEE（ベトナムコーヒー）
https://highlandscoffee.jp/

KEY COFFEE 通販倶楽部
https://www.key-eshop.com/

KINTO
https://kinto.co.jp/

シービージャパン
www.cb-j.com

sui. うつわと暮らしのもの
sui.info

SUNDAY
https://www.instagram.com/hiroko_sunday/

ストウブ（ツヴィリング J.A. ヘンケルス ジャパン）
https://www.staub-online.com/jp/ja/home.html

広松木工
http://shop.hiromatsu.org/

とみおかクリーニング（ハッピーツリー）
http://www.tomioka-group.co.jp/

monos
http://www.monos-onlineshop.jp/

ライヨール（ジャン・デュボ社／ザッカワークス）
http://www.zakkaworks.com/jeandubost/

D&DEPARTMENT
https://www.d-department.com/

KIRISHIMA BEER
https://www.kirishima.co.jp/brand/beer/

FELLOW（Kurasu）
https://jp.kurasu.kyoto/

月兎印
https://livingnavi.com/

SteepShot（ホシカワカフェ／ HSKWKF）
https://hoshikawacafe.com/

フレンチプレス（ボダムジャパン）
https://www.bodum.com/jp/ja/

AeroPress®（小川珈琲）
https://oc-m.jp/aeropress

ALESSI
https://alessijp.com/

Flair Espresso Japan
https://flairespresso.jp/

ROK Coffee
https://www.rokcoffee.jp/

BIALETTI（StrixDesign Inc.）
Bialetti.jp

Nano Foamer Japan
https://subminimal.tokyo/

BRRREWER（リスティック）
https://essense-coffee.jp-official.com/

oceanrich（ユニーク）
https://item.rakuten.co.jp/uniqdirect/oceanrich_plus/

sosogu_
instagram @taka_az
※ダイレクトメールにてお問い合わせください

トランギア（イワタニ・プリムス）
https://www.iwatani-primus.co.jp/

RIVERS（スタンスケープ）
http://www.rivers.co.jp/

COFFEE UNIDOS
http://tanacafe.jp/

PostCoffee
https://postcoffee.co/

FILTER SUPPLY
https://hifiltersupply.stores.jp/

suzunari coffee
https://shop.suzunaricoffee.com/

CAFICT

cafict（カフィクト）の意味は「coffee／コーヒー」と「addict／中毒者」という2つの言葉を組み合わせて作った造語。コーヒーに関する情報を主に発信する web ブログ。

くぼた まりこ

web ブログ「CAFICT」運営。
福岡県在住。Web コンサル会社勤務を経て、現在は2人の娘の母。その頃にはほとんどなかった「コーヒー器具についての情報を紹介したい」との思いからブログをスタート。現在は「暮らしの中でのコーヒーの楽しみ」をブログや YouTube で紹介している。趣味は写真と漫画。

web ブログ　https://cafict.com/
YouTube　https://www.youtube.com/c/CAFICT-channel
Instagram　@cafict
Twitter　@MrkKubota

STAFF

Art Direction	藤崎良嗣 pond inc.
Design	山本倫子 pond inc.
Photography	くぼた まりこ
Proofreading	荒川照実
DTP	明昌堂
Editing	加藤登美子
	天野隆志（主婦の友社）

CAFICT コーヒーと暮らす。
令和 3 年 12 月 31 日　第 1 刷発行
令和 6 年 5 月 10 日　第 7 刷発行

著　者　くぼた まりこ
発行者　平野健一
発行所　株式会社主婦の友社
　　　　〒141-0021 東京都品川区上大崎 3-1-1
　　　　目黒セントラルスクエア
　　　　電話 03-5280-7537（内容・不良品等のお問い合わせ）
　　　　　　　049-259-1236（販売）
印刷所　大日本印刷株式会社

© Mariko Kubota 2021 Printed in Japan
ISBN978-4-07-449645-7